D1672749

Luděk Jirásko

Geistliche Orden und Kongregationen in den böhmischen Kronländern

Prämonstratenser — Kloster Strahov
1991

© Luděk Jirásko 1991
Translation © Maria Anna Kotrbová 1991
Illustrations © Petr Chotěbor 1991
Photo © Jiří Kopřiva 1991

EINLEITUNG

Entfaltung der geistlichen Orden und Kongregationen in den böhmischen Kronländern

Die Anfänge der geistlichen Orden im Bereich unseres Landes sind eng mit der Konsolidierung des frühmittelalterlichen böhmischen Staates im letzten Drittel des 10. Jahrhunderts verknüpft, die mit einer Vertiefung des Christentums in bislang stark heidnischem Milieu des přemyslidischen Böhmen begleitet sind. Fast gleichzeitig mit der Gründung des Prager Bistums um das Jahr 973 wurde auf der Burg zu Prag bei der Kirche des hl. Georg, der ältesten Niederlassung eines Ordens bei uns überhaupt ein Benediktinerinnenkloster gegründet. Die ersten Nonnen kamen aus Rom, doch nahmen sie in ihren Reihen bald auch Angehörige der einheimischen Herrscherfamilie und Töchter des Adels auf. Die Klostergründung bedeutete des erste Auftreten des Ideals westlichen Mönchslebens auf böhmischem Boden und ließ bereits damals ahnen, welch außerordentlich wichtige Institution hier ins Leben gerufen worden war. Die Vertiefung des Christentums und sein Vordringen in immer breitere Bevölkerungsschichten wurde eine der erstrangigen Aufgaben der allmählich zunehmenden Zahl der fast bis in die Mitte des 12. Jahrhunderts ausschließlich Benediktinerklöster, zu denen seit den vierziger Jahren des 12. Jahrhunderts Klöster der Prämonstratenserchorherren und der Zisterziensermönche hinzukamen und in der 2. Hälfte des 12. Jahrhunderts auch die Kommenden der neuentstehenden Ritterorden und der Kreuzherren.

Die neuen Klöster drangen allmählich in alle Bereiche des Lebens der mittelalterlichen Gesellschaft vor. Sie wurden zu bedeutsamen Brennpunkten der Bildung und Gelehrsamkeit, in denen Angehörige der Herrrscherfamilie ihre Erziehung erhielten. Ihre höchsten Oberen beteiligten sich als führende Ratgeber und Diplomaten am politischen Leben des Prager Fürstenhofs. Unter den Mönchen gab es zahlreiche Philosophen, Theologen und Schriftgelehrte. In den Klöstern entfaltete sich das Interesse, denkwürdige und historische Ereignisse aus dem Leben der Ordenskommunitäten und aus dem breiteren politischen und sozialen Geschehen festzuhalten und aufzuzeichnen. Analytische Arbeiten und Chroniken einiger Mönche, wie beispielsweise im 12. Jahrhundert des sogenannten Mönchs von Sasau (Sázava) oder des Abts des Seelauer Klosters Gerlach oder zu Beginn des 14. Jahrhunderts des Königsaaler Abts Peter von Zittau, ließen fundamentale Werke der Geschichtsschreibung ihrer Zeit entstehen, die für die Erkenntnis der Geschichte des ganzen Landes wichtig sind. Die internationale Organisierung der Orden und stetige Kontakte mit den Mutterklöstern im Ausland beschleunigten die Übernahme

dreischiffigen Langhaus und einem Querschiff mit Ostabschluß einführt; diese Raumaufteilung wurde einer der Ausgangspunkte der Architektur in Böhmen der folgenden Periode. Zu den jüngeren Benediktinerbauten von Bedeutung gehört beispielsweise die Basilika in Trebitsch (Třebíč). Erst seit der 2. Hälfte des 12. Jahrhunderts steigt auch die Zahl der aus Stein erbauten Konvente. Die Gründung der Prämonstratenser — Kanonie bedeutet den Baubeginn eines Klosterkomplexes, der möglicherweise schon in den siebziger oder achtziger Jahren fertig war, während die gleichzeitig erbaute Klosterkirche, eine dreischiffige Basilika mit einem Ostquerschiff mit drei Apsiden in einer Linie und einer zweitürmigen Westfassade im Jahre 1182 zum zweiten Mal geweiht wurde. Von dem großangelegten romanischen Konvent, dessen Ambit mit Kreuzgewölben einen quadratischen Paradieshof mit Piscina umschließt, ist am besten der ursprüngliche Westflügel erhalten, in dem sich Vorratsräume und Speicher befanden. Ein charakteristisches Merkmal der monumentalen Architektur von Strahov war die Einfachheit der Formen, das Flächenhafte und Sparsame in der dekorativen Komponente, die dann auch für einige jüngere Bauten, besonders in Prag, kennzeichnend wurde.

Die größte Bedeutung als Bauherren von Monumentalbauten dieser Periode in den böhmischen Kronländern hatten die Zisterzienser. Aus der 2. Hälfte des 12. Jahrhunderts hat sich der älteste Kern der Klosterkirche in Plass (Plasy) erhalten, von gotischen Stilelementen sind bereits wichtige Zisterzienserbauten in Welehrad (Velehrad), Ossegg (Osek), Nepomuk und insbesondere in Tischnowitz (Tišnov) geprägt, wo das Westportal der Kirche mit dem figürlichen Tympanon, mit Apostelfiguren und Löwen, mit reichem Pflanzenschmuck und ornamentaler Dekoration ein außergewöhnliches Werk im Rahmen der gesamten künstlerischen Produktion in Mitteleuropa dieser Zeit darstellt. Im späten 13. und im 14. Jahrhundert bereichern die Zisterzienser die Architektur Böhmens um eine Reihe künstlerisch wertvoller Bauwerke, so in Sedletz (Sedlec), Hohenfurth (Vyšší Brod), Goldenkron (Zlatá Koruna) u. a.; im 2. Viertel des 14. Jahrhunderts wurde die prächtige Klosterkirche der Zisterzienserinnen in Alt-Brünn (Staré Brno) erbaut. Viele dieser Bauten zählen zum kulturellen Reichtum unseres Landes.

Das 13. Jahrhundert verzeichnet in den Kronländern Böhmens die größte Entfaltung der Orden in der gesamten historischen Entwicklung. Zu den typischen Merkmalen dieses Prozesses gehört vor allem die Niederlassung von Ordenskommunitäten in den neugegründeten Städten, in einigen Fällen werden die Klöster selbst zu Städtegründern. Die zahlenmäßige Erfassung der in Böhmen und Mähren bis 1300 gegründeten Klöster zählt mehr als 180 Konvente, einschließlich kleinerer Ordenshäuser. Aus dieser Gesamtzahl sind mehr als 70 Prozent im 13. Jahrhundert entstanden, die meisten davon in Städten oder in Siedlungsformen präurbanen Charakters. Was die Vertretung einzelner Orden anbelangt, verbreiteten sich im 13. Jahrhundert vornehmlich die jüngeren geistlichen Orden, wogegen die älteren Orden bei einer gewissen Stagnation angelangt waren. Im Vergleich zur vorigen Entwicklung ist ein deutlicher Rückgang bei den Benediktinerkonventen wahrzunehmen. Dage-

9

gen treten seit der 2. Hälfte des 12. Jahrhunderts in stärkerem Maße die Ritterorden auf, die im Rahmen der Kreuzzüge ins Heilige Land im 12. und 13. Jahrhundert entstanden sind, an denen auch Adelige aus Böhmen und Mähren teilnahmen; parallel mit diesen traten dann auch die Orden der Kreuzherren auf. Als erste und am stärksten schlugen bei uns die Johanniter Wurzeln, denen schon Wladislaw II. seine Gunst erwiesen hatte. Auf Grund eines Impulses seiner Ratgeber ist nach Mitte des 12. Jahrhunderts deren erste Kommende nahe der Judithbrücke in Prag entstanden, in den achtziger Jahren folgten die Kommenden in Manětín und Kaaden (Kadaň) und im 13. Jahrhundert eine ganze Reihe weiterer. Der Deutsche Ritterorden, konstituiert 1198 mit dem Ziel der Verteidigung und Verbreitung des Christentums, tritt in Prag kurz nach 1200 auf, nach 1230 kommen die Templer und nach der Mitte des 13. Jahrhunderts auch die Ritter des Ordens vom Hl. Geist. Zu dem älteren Orden der Kreuzeherren mit dem roten Kreuz kam im 13. Jahrhundert als einziger männlicher Orden böhmischer Provenienz der Orden der Kreuzherren mit dem roten Stern hinzu und wenig später auch der Orden der Kreuzherren mit dem roten Herzen, die Cyriaker. Vom König und Angehörigen führender Adelsgeschlechter unterstützt, gründeten die Ritterorden im Laufe des 13. Jahrhunderts in Böhmen und in Mähren zahlreiche Kommenden. Viele von diesen befanden sich auf dem Grund und Boden adeliger Herrschaften, z. B. der Herren von Markvartitz, der Bawor von Strakonitz, der Herren von Neuhaus, der Herren von Lichtenburg u. a. Die Ritterorden nahmen in den meisten sich

erst entfaltenden Städten eine wichtige Stellung ein, ihre Priester leiteten fast ausschließlich die Seelsorge in inkorporierten Kirchen. Ordensmitglicker spielten eine bedeutende Rolle in den Anfängen des städtischen Spitalwesens. Eine ähnliche Stellung wie die Ritterorden nahmen vornehmlich in den königlichen Städten die Kreuzherren ein, namentlich die Kreuzherren mit dem roten Stern, die bei den Stadtpfarrkirchen die Seelsorge leiteten und im charitativen Bereich wichtige Aufgaben übernahmen.

Der Antritt weiterer Orden in ,dEN Städten ist bereits durch ganz andere soziale und wirtschaftliche Verhältnisse bedingt und ist auf einer anderen Grundlage aufgebaut als die streitbaren Ritterorden der Kreuzzüge. Die Notwendigdeit, sich mit den anwachsenden sozialen Gegensätzen in den bevölkerungsreichen Stadtsiedlungen auseinanderzusetzen, bringt die Bettelorden in den Vordergrund, die diesem Milieu am besten entsprechen durch ihre perfekte Organisierung, durch ihre wirtschaftliche Anspruchslosigkeit und den Inhalt ihrer Mission, deren Ziel es war, die Lehre der Kirche möglichst breitesten Schichten der städtischen Bevölkerung näherzubringen und die Reinheit des Glaubens konsequent zu schützen. Wegbereiter in der Erfüllung des Strebens nach einer Vereinigung geistlicher Werte und christlicher Vorstellungen in einer echten Lebensrealität waren die Minoriten und Dominikaner, deren Konvente seit Beginn des dritten Jahrzehnts des 13. Jahrhunderts in unzähligen Stadtzentren ganz Westeuropas, in Polen, Ungarn und in den Kronländern Böhmens entstanden. In die Kronländer Böhmens kamen zuerst die Dominikaner, kurz danach auch die Minoriten, derem erstes Kloster in Prag beim hl. Franz (Na Františku) die Přemyslidin Agnes anfang der dreißiger Jahre gründete. Im Vergleich mit anderen Orden waren die Mendikanten vor 1420 in der Vertretung ihrer Klöster in den Städten mit mehr als 50 Prozent überlegen. Anfangs wurden ihre Klöster meist von dem Herrscher gegründet, Stiftungen durch Privatpersonen waren selten; so wurden beispielsweise die Konvente der Dominikaner in Turnau (Turnov) und in Gabel (Jablonné pod Ještědem) wohl auf Anregung der Gemahlin des Herrn Gallus von Lemberg, der sel. Zdislava, gegründet. Im Unterschied zu den älteren Mönchs- und auch den Chorherrenorden, die fern von dem Lärm der Städte lebten, kommen die Mendikanten direkt in deren lebendigste Zentren, auf die Marktplätze, in Gassen und Gäßchen der Städte, in denen sie ihre Kirchen und Konvente bauen und in denen sie das Wort Gottes verkündigen. In den Rahmen ihres Programms beziehen sie auch die Armenpflege und das Spitalwesen mit ein, das einen wesentlichen Teil der Tätigkeit der Schüler sowohl des hl. Franziskus, als auch des hl. Dominikus bildet.

Dem bescheidenen Leben der Brüder waren auch die ältesten Mendikantenkonvente angepaßt, die häufig an einer typichen Stelle innerhalb der Stadtmauern erbaut sind. Ihre Kirchen kennzeichnet sachliche Nüchternheit und Schlichtheit. Charakteristisch ist der lange Chor, in dem die Brüder beim Gottesdienst ihren Platz einnahmen, während für die Laien das Schiff bestimmt war. Einzigartig in seiner prächtigen Bauweise ist hier der Komplex von Bauten des von der hl. Agnes von Böhmen gegründeten und

errichteten Doppelklosters der Klarissen und Minoriten in Prag, das zugleich auch als prunkvolle Grablege der Přemysliden bestimmt war. Die Sonderstellung des Klosters unterstreicht hier die Persönlichkeit der hl. Agnes, der königlichen Prinzessin, die sich mit ihren Ideen und Werken, in denen sie an den hl. Franz von Assisi und die hl. Klara anknüpft, an die führende Stelle in den zeitgenössischen europäischen geistigen Strömungen stellt.

Noch in 13. Jahrhundert kamen zu den ersten Mendikanten in den böhmischen Kronländern weitere Bettelorden hinzu, die ihre Existenz ebenfalls auf dem Ideal der Armut und den bescheidensten Lebensformen begründeten. Es waren zunächst die Augustiner Eremiten und im 14. Jahrhundert dann die beschuhten Karmeliter, die Serviten und die Pauliner. Zu dieser Zeit nehmen in den Ländern der böhmischen Krone auch einige neue Mönchsorden, beispielsweise die Kartäuser und die Cölestiner, ihre Tätigkeit auf.

Die Entfaltung der mittelallterlichen Klöster wurde durch die Hussitenkriege unterbrochen, in denen das ursprüngliche Streben nach einer Reform und moralischen Säuberung des kirchlichen Lebens in einen hemmungslosen Angriff vornehmlich gegen die geistlichen Orden und den riesigen Besitz mancher Klöster ausartete. Die Hussiten zerstörten im ganzen an die 170 Klöster, deren Besitz bis auf geringe Ausnahmen der Plünderung anheimfiel. Zahlreiche Klöster wurden nicht mehr erneuert, von den übrigen vegetierten in nachhussitischer Zeit viele nur noch. Eine Revitalisierung des Ordenslebens begann erst unter der Regierung des Königs

11

Georg von Podiebrad, dies besonders durch Verdienst des strengeren Zweiges der Minoriten Observanten. Den reformierten Zweig der Franziskaner führte in Böhmen der Prediger Johannes Kapistran ein.

Die Erneuerung der Ordenshäuser wurde abermals durch die fortschreitende protestantische Reformation unterbrochen, in der sich die katholische Seite in der Minderheit befand und schwer um ihre Existenz kämpfen mußte. Eine totale Wende brachten erst die Ergebnisse des dreißigjährigen Krieges. Im Verlauf des Krieges begannen kirchliche Institutionen ihre Tätigkeit, die als besonderes Ziel die Festigung des katholischen Glaubens und die Stärkung der Macht der Habsburger verfolgten. An der wachsenden Rekatholisierung und der Gegenreformation, deren Prinzipien die Kirche auf dem Tridentinischen Konzil in den Jahren 1545—1553 ausgearbeitet hat, hatten besonders die neuen Orden der regulierten Kleriker markanten Anteil, die im Laufe des 16. Jahrhunderts auf der Apenninenhalbinsel entstanden waren. Deren Mitglieder trugen einen schwarzen Talar nach dem Vorbild italienischer und spanischer Priester und unterschieden sich nur in einigen Details von ihnen. In den böhmischen Kronländern wirkten von den regulierten Klerikern die Theatiner und Barnabiten, doch am markantesten schrieben sich in die Geschichte der Gegenreformation die Jesuiten und die Piaristen ein. Und mit ihnen waren bei uns seit 1600 im gleichen Geiste auch die Kapuziner tätig.

Der Jesuitenorden gründete in den Kronländern Böhmens seine ersten Häuser bereits nach der Mitte des 16. Jahrhunderts, die meisten von ihnen dienten zugleich als Kollegien und Se-minare. Die größte Bedeutung erlangte das Kollegium Clementinum in Prag, das zu einer katholischen Musteranstalt im Schulwesen wurde. Bis zur Aufhebung des Ordens im Jahre 1773 wuchs bei der Karlsbrücke einer der ausgedehntesten Baukomplexe in Prag heran, der den Jesuiten als Hauptresidenz diente. Zum Kolleg gehörte auch eine umfangreiche Bibliothek, die 1777 mit der Bibliothek der Carolo-Ferdinandea vereinigt und seitdem definitiv als öffentliche Universitäsbibliothek organisiert wurde. Hauptziel der Jesuiten war die Rückgewinnung abgefallener Christen und das Wirken vor allem auf die junge Generation mittels eines für seine Zeit reifen und perfekt organisierten Schulwesens. Gleich nachdem sie nach Böhmen gekommen waren, entfalteten die Jesuiten eine reiche Propagationstätigkeit in Predigten sowie in der schulischen Erziehung und durch ihre mit Kampflust verbundene Initiative verschafften sie sich rasch Respekt von seiten der Katholiken sowie der Protestanten. Der religiös konziliantere Orden der Piaristen, der seit 1631 in den Kronländern Böhmens wirkte, konzentrierte sich neben einer erfolgreichen wissenschaftlichen Tätigkeit besonders auf die Jugenderziehung und auf den Unterricht an Schulen aller Stufen.

Nach 1620 verzeichneten die Ordensinstitutionen in den Ländern der böhmischen Krone ihre zweite Hochblüte, die sie vor allem der Gunst der Habsburger und des einheimischen katholischen Adels verdankten. Neben den erneuerten älteren Klöstern erstand eine ganze Reihe neuer Kollegien der Jesuiten und der Piaristen sowie von Konventen sich hier neu niederlassender männlicher Orden und

Kongregationen, wie der Barmherzigen Brüder, der unbeschuhten Karmeliten, der Hiberner Franziskaner, der Bartholomiten, Oratorianer, Trinitarier u. a. Während des ganzen 17. und 18. Jahrhunderts kommt es in diesem Zusammenhang zu einer beachtenswerten Bautätigkeit und künstlerischen Aktivität, die bedeutende Werke der Barockarchitektur, der Bildhauerei und Malerei hinterläßt, die mit dem Wirken der erneuerten Klöster sowie neuer geistlicher Orden verbunden sind. Von den zahlreichen Denkmälern der Architektur dieser Periode nennen wir wenigstens den ausgedehnten Gebäudekomplex des Benediktinerklosters mit der Margaretenkirche in Břevnov, den Christoph und Kilian Ignaz Dientzenhofer im 2. Jahrzehnt des 18. Jahrhunderts im Stil des Hochbarock erbauten und der zu den prächtigsten Werken der Barockarchitektur unseres Landes gehört.

Die reiche Entfaltung der geistlichen Orden und Kongregationen zur Zeit des Barock erforderte freilich auch eine dementsprechende geistliche Organisation. Die meisten Orden unterhielten eigene Noviziate und Schulen zur Heranbildung des Priesternachwuchses. Neben den Jesuiten waren es beispielsweise die Prämonstratenser, die im Kolleg des hl. Norbert ein gut funktionierendes Studium errichteten; ein analoges Studium hatten die Zisterzienser im Kolleg des hl. Bernhard in Prag u. a. Einen wichtigen Bestandteil der größten Klöster bildeten systematisch aufgebaute Bibliotheken, die ihren Ursprung schon im Mittelalter hatten und eine beträchtliche Anzahl wertvoller Bücher verschiedensten Charakters konzentrierten, einschließlich reich illuminierter Handschriften, die schon in vorhussitischer Zeit zu den wertvollsten Schätzen der Sammlungen einzelner Klöster gehörten. Eine der prächtigsten und zugleich auch größten der zahlreichen Klosterbibliotheken ist die Bibliothek der Prämonstratenser im Kloster Strahov, die 1671 im sogenannten Theologischen Saal untergebracht und 1783—1786 um den Philosophischen Saal erweitert wurde, dessen Deckengemälde der führende Wiener Maler Franz Anton Maulbertsch schuf.

Die Aufhebung des Jesuitenordens im Jahre 1773 und die josefinischen Reformen des religiösen Lebens in den achtziger Jahren des 18. Jahrhunderts bedeuteten eine Unterbrechung der Tätigkeit der meisten jener geistlichen Orden und Kongregationen in den Ländern der böhmischen Krone, die nicht in der Seelsorge, in der Krankenpflege oder der Erziehung arbeiteten. Die Aufhebung traf vor allen kontemplative, beschauliche Orden; verschont blieben beispielsweise die Barmherzigen Brüder, die Kreuzherren mit dem roten Stern, die Piaristen und einige weitere. Aus den Gütern der aufgehobenen Klöster wurde der sgn. Religionsfond errichtet, der zu verschiedenen Zwecken zu Gunsten der Religion verwendet wurde. Seit 1849 verlief die Reform der übrigen geistlichen Orden in den Ländern der habsburgischen Monarchie. Damals entfalteten besonders einige ältere Orden und Kongregationen, die in der Seelsorge, im Sozialbereich oder im Schulwesen arbeiteten, ihre Tätigkeit. Nach der Mitte des 19. Jahrhunderts wuchs besonders die Bedeutung der Redemptoristen, die als ausgezeichnete Prediger bei Volksmissionen berühmt waren und in wesentlichem Maße zur Entfaltung der modernen Pastorale in unseren Ländern beitrugen. Ganz außerordentliche Bedeutung gewannen im Laufe des 19. und anfangs des 20. Jahrhunderts die neugegründeten weiblichen Kongregationen, deren Hauptziel die anspruchsvolle und aufopfernde Arbeit im charitativen und erzieherischen Bereich lag. Die Schwestern dieser Kongregationen wirkten in Krankenhäusern, Erholungsheimen, Waisenhäusern, Altenheimen, in Anstalten für körperlich und geistig Behinderte und in einer Reihe weiterer sozialer Einrichtungen und spielten auch eine wichtige Rolle bei der Erziehung und Unterrichtung der weiblichen Jugend an Mädchenschulen verschiedenen Typs.

Im Rahmen der ständigen Unterdrückung des kirchlichen Lebens in der Tschechoslowakei nach 1948 wurde im Jahre 1950 ein Prozeß gegen die Ordensoberen inszeniert, zuvor schon erfolgte die Besetzung zuerst der Männerklöster und wenig später auch der Frauenklöster. Mehrere Tausend Mönche und Ordensschwestern wurden in ausgewählten Internierungsklöstern, wie Mariaschein (Bohosudov), Seelau (Želiv), Grulich (Králíky), Braunau (Broumov) konzentriert; viele von ihnen wurden vor Gericht gestellt, des Hochverrats angeklagt und inhaftiert, zahlreiche landeten in Arbeitslagern.

Die meisten geistlichen Orden, Kongregationen, religiösen Gemeinschaften und kirchlichen Institutionen, die bis zum Beginn der fünfziger Jahre tätig waren, nehmen nun ihr Ordensleben wieder auf und kehren — soweit es die gegenwärtige Lage erlaubt — zum ursprünglichen Inhalt ihres Wirkens zurück.

Allgemeine Gliederung der Ordensinstitutionen und monasteriologische Grundbegriffe

Alle Ordensinstitutionen werden in zwei Grundgruppen gegliedert — in männliche Ordensinstitutionen und in weibliche Ordensinstitutionen. Die erste Gruppe bilden Orden, Kongregationen und religiöse Gemeinschaften; die zweite Gruppe umfaßt Orden, päpstliche Kongregationen (päpstlich approbierte Kongregationen) und Diözesankongregationen (vom Diözesanbischof approbierte Kongregationen) je nach der Art der Bestätigung durch eine höhere kirchliche Stelle.

Angehörige männlicher und weiblicher Orden legen feierliche Gelübde (vota solemnia) ab: das Gelübde des Gehorsams, der Keuschheit und der Armut nach den Evangelien (Evangelische Räte) oder ein weiteres Gelübde, das mit der Hauptmission des Ordens zusammenhängt.

Angehörige männlicher und weiblicher Kongregationen und einiger Institute legen einfache Gelübde (vota simplicia) ab, die entweder ewige oder zeitliche sind.

Jeder Orden, einige Kongregationen und religiöse Gemeinschaften hatten ihre Regel (die mehreren Orden gemeinsam sein kann), darüber hinaus ihre eigenen Statuten. In der Römisch-katholischen Kirche gibt es fünf Hauptregeln: die Regel des hl. Basi-

14

lius, die Regel des hl. Benedikt, die des hl. Augustinus, die des hl. Franziskus von Assisi und die des hl. Ignatius von Loyola.

In den böhmischen Kronländern wirken Orden des römisch-katholischen Ritus (mit Ausnahme der Basilianer nach griechisch-katholischem Ritus), die folgendermaßen eingeteilt werden:

I. Männliche Ordensinstitutionen

A. Männliche Orden (ordines religiosi)
1) Ritterorden (ordines militares, ordines equestres)
2) Kreuzherren (crucigeri)
3) Regulierte Chorherren (canonici regulares)
4) Mönchsorden (monachi)
5) Bettelorden (ordines mendicantes, Mendikanten)
6) Regularkleriker (clerici regulares)
B. Männliche Kongregationen
C. Männliche Ordensgemeinschaften

II. Weibliche Ordensinstitutionen

A. Weibliche Orden
B. Weibliche Kongregationen
C. Religiöse Gemeinschaften
D. Institute

Bei den meisten älteren Orden ist der I. Orden (primus ordo) der männliche Ordenszweig, der II. Orden (secundus ordo) der weibliche Ordenszweig, der III. Orden (tertius ordo) die Laienvereinigung der Tertiaren. Seit dem II. vatikanischen Konzil werden Ordensinstitutionen nurmehr in männliche und weibliche unterschieden und Laienvereinigungen werden als Tertiaren bezeichnet.

Die Ordenstracht

Die Statuten der meisten geistlichen Orden schrieben den Gliedern der Kommunitäten die Art der Kleidung vor, die zu tragen sie verpflichtet waren und die namentlich in der älteren Periode streng eingehalten und überwacht wurde. Bei den Ordensleuten sollte die Kleidung Ausdruck ihres Inneren sein, Kleidung und Schuhwerk sollten daher den Ordensidealen der Armut und der Demut entsprechen. Zutreffend ist diese Forderung z. B. in den Statuten des Ritterordens vom Heiligen Geist ausgedrückt, dessen Haupttätigkeit die Pflege armer Kranker in Spitälern war: „Das Kleid sei bescheiden, denn die Herren, als deren Diener wir uns betrachten, sind arm. Sie gehen zerrissen und schmutzig, und darum wäre es taktlos, wenn der Diener stolz und sein Herr demütig wäre". Auf die Bescheidenheit der Kleidung achten auch die Statuten anderer Orden, beispielsweise der Deutschen Ritter, die das Tragen teurer Pelze, die Anwendung verschiedener Bordüren und Verbrämungen und das Tragen von Zierspangen untersagen. Die Vorschriften der Johanniter aus dem Jahre 1337 ordnen das Tragen von schmucklosen Waffen und das Tragen von Kleidung nach altem Schnitt an.

Bei den meisten Orden wurde die Kleidung der Konventmitglieder einheitlich an einem bestimmten Tag beschafft, an dem die Mönche einen bereits fertigen, nach den Ordensvorschriften genähten Habit erhielten (so z. B. bei den Benediktinern). Zugleich galt das Verbot des Kaufs und Verkaufs von Kleidung ohne Erlaubnis des Oberen eines Konvents, wie wir dies z. B. beim Orden vom Heiligen Geist sehen. Die Beschaffung der Kleidung gehörte zu den größten Ausgaben eines Klosters und oblag daher der Fürsorge eines Konventmitglieds — bei den Zisterziensern war dies z. B. der vestiarius, bei den Deutschen Rittern hatte er den französichen Titel trapier — das Sorge trug um die Beschaffung der Kleidung, die Richtigkeit der Ausführung garantierte und daher oft der Schneider- oder Weberwerkstatt vorstand.

Im Laufe mehrerer Jahrhunderte hat sich das ursprüngliche Ordenskleid sein Aussehen bewahrt, es hat sich nur in einigen kleineren Details verändert, häufig nur in Material und Farbe.

Mit dem Auftreten der Regularkleriker hat sich die Ordenskleidung seit dem 16. Jahrhundert den weltlichen Gepflogenheiten der Zeit und des jeweiligen Lands angepaßt, in dem die einzelnen Orden wirkten. Die Grundlage bildete eigentlich der schwarze Talar der spanischen und italienischen weltlichen Priester, der nur in ergänzenden Details nach dem Prinzip angeordnet war, das beispielsweise der hl. Ingatius von Loyola für die Jesuiten bestimmte — die Mitglieder des Ordens kleiden sich auf der ganzen Welt so, wie sich dort die Diözesanpriester kleiden.

Die einzelnen Teile der historischen Ordenskleidung (Ordenstracht) haben folgende Bezeichnungen:

Birett	Klerikale Kopfbedeckung von quadratischer Form mit drei oder vier diagonalen Rippen
Cingulum	siehe Zingulum
Habit (Kutte)	Ordenskleid; weite knöchellange Tunika mit weiten Ärmeln, manchmal mit Kapuze
Mozzetta	Kurzes Schultermäntelchen, mit einer Reihe von Knöpfchen vorn geschlossen, hinten mit kleiner Kapuze; wird von den Chorherren und höheren Geistlichen beim Chordienst getragen
Rochett	Weißes weites, engärmeliges, knielanges Leinengewand
Sarrozium	Langes schmales weißes Band aus Leinen an der Vorder-und Rückseite des Talars (z. B. bei Augustiner Chorherren)
Skapulier	Teil der Kleidung einiger Orden. Gerader Tuchstreifen, auf der Vorder- und Rückseite über dem Habit getragenes Oberkleid mit Ausschnitt für den Kopf, an dén Seiten manchmal durch Bandstreifen zusammengehalten
Sutane	Langer bis zu den Knöcheln reichender, engärmeliger, vorn mit Knöpfchen geschlossener Rock der Priester, im Oberteil eng an-

16

Talar	schließend, nach unten ausschwingend Ähnlich wie die Sutane. Gerade geschnittener weiter Rock der regulierten Kleriker und aller männlicher Kongregationen und religiöser Gemeinschaften, im Typ dem Habit ähnlich
Zingulum	Gürtel oder Strick zum Gürten des Habits

Einen radikalen Wandel in der Ordenstracht ermöglichte das Dekret des II. Vatikanischen Konzils vom 28. 10. 1965 „Perfectae caritatis", das eine Vereinfachung der Ordenskleidung und eine Anpassung an die gegenwärtigen Bedingungen in der Gesellschaft und am Arbeitsplatz zuläßt, unter welchen die Ordensleute ihre Tätigkeit ausüben (z. B. die Vereinfachung des Schleiers und eine Kürzung der Kleiderlänge bei weiblichen Ordenszweigen u. ä.).

Idealplan der Anordnung einzelner Gebäude im Areal des Benediktinerklosters Sankt Gallen aus der 1.Hälfte des 9. Jahrhunderts.

1—5 Kirche u.mit ihr zusammenhängende Bauwerke

6 Paradieshof — Innenhof auf quadratischem Grundriß, in der Mitte befindet sich gewöhnlich ein Brunnen oder ein Wasserbehälter.

7 Kreuzgang — gedeckter, meist gewölbter, den Paradieshof einschließender Gang, der sich an der Innenseite zum Paradieshof durch Arkaden öffnet. An den Kreuzgang schließen sich im Rahmen der inneren Klausur die wichtigsten Räume des Klosters an:
a) der Kapitelsaal — ein Festraum, meist architektonisch und künstlerisch anspruchsvoll gelöster Raum, bestimmt zu Versammlungen des Konvents, zur Aufnahme der Novizen, zu wichtigen Verhandlungen u.ä.
b) Das Dormitorium (der gemeinsame Schlafsaal) — ein typisches Element aller mittelalterlichen Klöster. Sein Hauptzweck bestand in der Möglichkeit einer Beaufsichtigung der Mönche von seiten des Oberen auch während der Nacht. In den Dormitorien bestand strenges Stillschweigen (silentium), die Mönche legten sich gemeinsam zur bestimmten Stunde zur Ruhe und standen gemeinsam zur bestimmten Stunde auf. Eine Ausnahme bildeten die Kartäuser, die jeder für sich in seinem kleinen Eigenhaus schliefen. In einigen Klöstern existierte ein Sommer- und ein Winterdormitorium.

8 das Refektorium (der gemeinsame Speisesaal) — ein charakteristisches Element aller mittelalterlichen Klosteranlagen. Es befand sich im Erdgeschoß in unmittelbarer Verbindung mit dem Küchenhaus. In einigen Klöstern existierte ein Winter- und ein Sommerrefektorium und ein eigenes Refektorium für den Abt. Gemeinsame Mahlzeiten und eine einheitliche Nahrung gehörten zu den sehr strengen Regeln des Ordenslebens. Eine Glocke rief die Mönche zu Tisch. Man saß nach einer vorher bestimmten Ordnung, der Tisch der Ordensoberen und der höheren Würdenträger des Konvents

waren gewöhnlich von den übrigen Tischen der Mönche abgeteilt. Auf Einhaltung der vorgeschriebenen Ordnung achtete meist der Ordensobere des Konvents, der die Aufsicht über die Mahlzeiten führte. Vor und nach dem Speisen wurde gemeinsam gebetet. Die übriggebliebenen Speisen wurden für die Armen bereitgestellt.

9   die Klosterküche — ein wichtiger Raum der inneren Klausur. In manchen Klöstern, z.b. bei den Benediktinern und Zisterziensern existierte eine besondere Küche für den Abt. Die Küche stellte die vorgeschriebene Ernährung des Konvents sicher. Die Speisen sollten einfach sein, die Zusammensetzung der Speisen war im Grunde ähnlich wie heute, eine wichtige Komponente bildeten Brot, Gemüse und Fisch. Bier wurde als gewöhnlichstes Getränk betrachtet, in geringerem Maße wurde Wein getrunken, als Festgetränk galt Met. Bei den Kartäusern bereitete sich jeder Mönch seine Speisen selbständig in seiner Zelle zu.

10   die Abtwohnung — sie befindet sich oft außerhalb der inneren Klausur, um den Kontakt des Abtes mit der Außenwelt zu ermöglichen.

11   die Novizenschule — für die Erziehung des Ordensnachwuchses. Die Bedingungen für einen Eintritt ins Noviziat waren bei den einzelnen Orden verschieden, bei den meisten wurde jedoch eine strenge Auswahl der Kandidaten eingehalten. Die Aufnahme in einen Orden unterlag der Zustimmung des ganzen Konvents und wurde durch eine Probezeit bedingt, die mindestens ein Jahr betrug. Die Schule sollte die Kandidaten auf das zukünftige Ordensleben vorbereiten. Außer der Erziehung zur Askese bot sie auch eine theoretische Vorbereitung, die darin bestand, daß der Kandidat mit den Ordensregeln und den Vorschriften der Klöster bekanntgemacht wurde, daß ihm die Ordensregel interpretiert wurde, zum Unterricht gehörten ferner Rezitation, Gesang des Stundengebets, Benehmen im Chor u.a. Wenn ein Kandidat die Probezeit bestanden hatte, wurde über seine Zulassung zum Ablegen der Gelübde entschieden. Im Rahmen eines Klosters bestand ein selbständiges Novizenhaus.

12—13 Krankenhaus, Wohnhaus des Arztes — in allen Orden wurde sorgfältig für die Kranken in abgesonderten Räumen oder selbständigen Häusern (Infirmarien) gesorgt. Für die Kranken galten mildere Ordensvorschriften, besonders was das Stillschweigen anbelangt, sie erhielten bessere Kost und hatten Erleichterungen bei der gemeinsamen Teilnahme am Chorgebet. Eine Besonderheit mittelalterlicher Klöster war die sogenannte Minution (41), das Aderlaßhaus; der Aderlaß war bei manchen Orden aus asketischen Gründen vorgeschrieben und wurde bis fünfmal im Jahr vom Ordensminutor (z. B. bei den Kartäusern) vorgenommen, bei manchen Orden war der Aderlaß freiwillig.

14   der Klosterfriedhof

15   das Gästehaus — ein selbständiges Haus zur Aufnahme der Klosterbesucher

16—43 weitere Objekte verschiedensten Charakters und Zweckes, meist im Rahmen der sgn. äußeren Klausur gelegen, die für den Wirtschaftsbetrieb und die soziale Sicherstellung des Klosters notwendig waren, z. B. das Backhaus, das Bräuhaus, die Mühle, die Stallungen, Schuppen, Keller, Vorratshäuser, Werkstätten der Handwerker, ein Wächterhaus, ein Bad- und Waschhaus, die Abtritte u. a. Den übrigen Teil des Klosterbezirkes, der meist mit einer Mauer umfriedet war, bildeten die Klostergärten.

Das angeführte Schema kann begreiflicherweise nicht auf alle mittelalterlichen Klöster ohne Unterschied angewendet werden. Mit fortschreitender Differenzierung des Ordenslebens hat sich das Schema verschieden gewandelt und sich den Bräuchen der einzelnen Orden angepaßt, doch bei weitem nicht alle Klöster erreichten aus verschiedenen Gründen eine ideale Anordnung ihrer Konventgebäude.

18

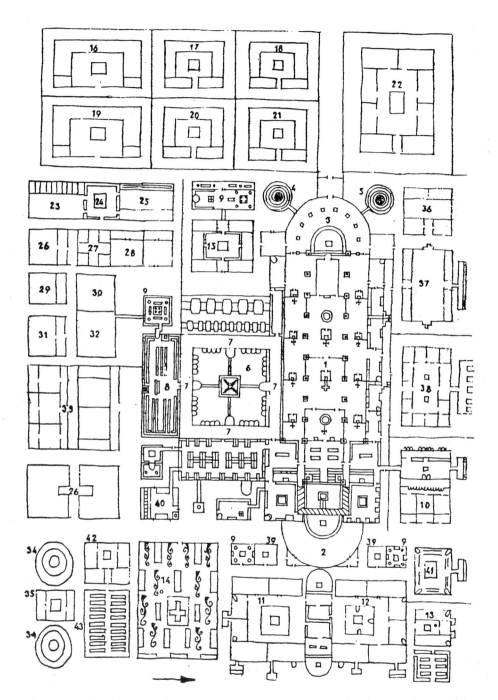

GEISTLICHE ORDEN UND KONGREGATIONEN IN DEN KRONLÄNDERN BÖHMENS

Chronologische Übersicht

Name des Ordens, der Kongregation	In den Kronländern Böhmens seit	Gründungsjahr
10. Jahrhundert		
Männer		
Benediktiner	993	529
Frauen		
Benediktinerinnen	Anfang d. 70er Jahre	um 543
12. Jahrhundert		
Männer		
Prämonstratenser	Anfang d. 40er Jahre	1120 1126 bestätigt
Zisterzienser	1142/43	1113 1119 bestätigt
Johanniter	1156/59	um 1040
Kreuzherren m. d. roten Kreuz (Hüter d. Hl. Grabes)	vor 1188	12. Jhdrt.
Frauen		
Prämonstratenserinnen	1144/45	1120
Johanniterinnen	vor 1182	vor 1187
13. Jahrhundert		
Männer		
Deutschherren	nach 1200	1191
Dominikaner	1226	1216
Minoriten	um 1230	1209
Templer	1232	1119
Kreuzherren m. d. roten Stern	1233	1233
Cyriaker	1256	Mitte d. 12. Jhts
Augustiner Eremiten	nach Mitte d. 13. Jhts.	1256
Hl. Geist-Orden	nach Mitte d. 13. Jhts.	12.Jhts.
Frauen		
Augustinerinnen	1207/13	Anf. d. 13. Jhts.
Zisterzienserinnen	1225	gemeinsam mit dem männlichen Zweig
Wächterinnen d. Hl. Grabes	vor 1227	
Klarissen	1232	1212
Dominikanerinnen	40er Jahre	1206
Magdalenerinnen	nach Mitte d. 13. Jhts.	Anf. d. 13. Jhts.

14. Jahrhundert

Männer

Augustiner Chorherren	1333	11. Jht.
Kartäuser	1341	1084
Karmeliter beschuhte	1347	2. H. d. 12. Jhts.
		1226 bestätigt
Serviten	1360	1233
Cölestiner	1368	13. Jht.
Pauliner	1384	1225

15. Jahrhundert

Männer

Franziskaner	nach Mitte d. 15. Jhts.	15. Jht.
Paulaner	1495	1435
		1474 bestätigt

Frauen

Franziskanerinnen III. Orden d. hl. Franz	1484	

16. Jahrhundert

Jesuiten	1556	1534
		1540 bestätigt

17. Jahrhundert

Männer

Kapuziner	1600	1525
Barmherzige Brüder	1605	1537
		1572 bestätigt
Augustiner unbeschuhte	1623	1533
Karmeliter unbeschuhte	1624	1568
Barnabiten	1627	1530
Hiberner Franziskaner	1629	
Piaristen	1631	1597
		1617 bestätigt
Theatiner	1666	1524

Frauen

Ursulinen	1655	1535
Karmelitinnen unbesch.	1656	um 1452

18. Jahrhundert

Männer

Bartholomiten	1705	1640
		1680 bestätigt
Oratorianer	1705	1564
		1575 bestätigt
Trinitarier	1705	1198
Iwaniten Eremiten	1725	1725
Gesellschaft d. Hlst. Herzens Jesu	1798	1794

Frauen		
Elisabethinerinnen	1719	1627
Cölestinerinnen	1736	1604
(Anunziatinnen)		
Englische Fräulein	1746	Anfang d. 17. Jhts.

19. Jahrhundert

Männer

Redemptoristen	1855	1732
		1749 bestätigt
Petriner	1888	1888
Salvatorianer	1895	1881
Schulbrüder	1898	1684

Frauen

Borromäerinnen	1837	1652
Barmherzige Schw. v.d.	1841	1841
Jungfrau Maria v. Jerusalem		
Barmh. Schw. v. III. Ord. d. hl. Franz (in Troppau)		
Vinzentinerinnen	1845	1633
	1844	
Schulschw. de Notre Dame	1848	1833
Graue Schwestern	1856	1856
Schw. d. Unbefl. Empf.	1859	1859
Mariä v. III. Ord. d. hl. Franz		
Töchter d. Göttl. Liebe	1870	1868
Schw. Sacré Coeur	1872	1800
Kreuzschwestern	1872	1856
Schw. d. christl. Liebe	1874	19. Jhts.
Hedwigsschwestern	1878	1859
Brünner Franziskanerinnen v. d. Hl. Familie	1886	1886
Schw. v. Allerhlst. Sakrament	1887	1887
Schulschw. v. III. Ord. d. hl. Franz	1888	1843
Kongr. d. Dominikanerschwestern	1889	1889
Salvatorianerinnen	1891	19. Jhdt.
Karmelitinnen v. Göttl. Herzen Jesu	1897	19. Jhdt.
Salesianerinnen	2. H. 19. Jhdt.	1610
Arme Genossinnen Christi	19. Jhdt.	19. Jhdt.
Barmh. Schw. d. hl. Elisabeth	19. Jhdt.	1842

Marienschwestern	19. Jhdt.	1854
Tertiarinnen v. hl. Franz	19. Jhdt.	19. Jhdt.

20. Jahrhundert

Männer

Missionare v. Hlst. Herzen Jesu	1907	1878
Oblaten	1911	1815
Eucharistiner	1912	1856
Salesianer	1927	1841
Kalasantiner	20. Jhdt.	1889
Verbisten	20. Jhdt.	1875
Tröster v. Gethsemane	20. Jhdt	1922
Kongreg. v. hl. Michael	20. Jhdt	20. Jhdt.

Frauen

Schw. d. hl. Klara	um 1900	19. Jhdt.
Kongreg. d. Prämonstratenserschwestern	1902	1902
Franziskanerinnen u. d. Schutz d. hl. Raphael	1907	1907
Schw. d. hl. Franz v. d. Jungfrau Maria	1913	Ende d. 19. Jhdts.
Kapuzinerinnen	1914	1538
Trösterinnen	1915	1915
Töchter v. Allerhlst. Erlöser (Znaim)	1919	1849
Schwestern d. Hll. Cyrill u. Methodius	1928	1928
Apostolat d. Franziskanerordens	1929/1933	1933
Salesianerinnen v. Don Bosco Missionsschwestern	vor 1950	1872
Dienerinnen d. Hl. Geistes	20. Jhdt.	1889
Dienerinnen d. Hl. Geistes v. d. ewigen Anbetung	20. Jhdt.	1896
Kleine Schwestern Jesu	20. Jhdt.	1947
Missionarinnen der Liebe (Schwestern d. Mutter Theresa)	20. Jhdt.	20. Jhdt.

Katalog der geistlichen Orden und Kongregationen in den böhmischen Kronländern

Im Katalog sind die geistlichen Orden, Kongregationen und religiösen Genossenschaften angeführt, die im Gebiet von Böhmen, Mähren und Schlesien vom 10. Jahrhundert bis zum Jahre 1950 tätig waren. Die einzelnen Stichwörter bieten nur eine Elementarinformation über die Entstehung eines Ordens, seinen Hauptzweck und seine Mission, seine Organisationsstruktur und die Zeit seiner Tätigkeit in den Ländern der böhmischen Krone, einschließlich seiner wichtigsten Ordensniederlassungen bei uns; es folgen ferner kurze Angaben über Ordenswappen und Wahlspruch (sofern ein solcher eingeführt war) und eine Beschreibung der Ordenstracht (auf verhältnismäßig häufige lokale und zeitliche Abweichungen in der Kleidung einzelner Orden konnte im Rahmen dieser kurzen Beschreibung keine Rücksicht genommen werden). Insofern ein Orden — eine Kongregation — bei uns z.z. seine Tätigkeit wieder aufnimmt, ist auch die Anschrift seines jetzigen Wirkungsortes angeführt. Die Reihung der Stichwörter hält sich an die oben angeführte allgemeine Gliederung der Ordensinstitutionen. Die Frauenkongregationen sind in zwei Gruppen eingeteilt, in Kongregationen ausländischer und einheimischer Provenienz, im Rahmen jeder Gruppe erfolgt die chronologische Reihung nach der Zeit der Gründung.

Die Auswahl von Beispielen historischer Ordenskleidung aus dem Buch P. Bohmann, Abbildungen sämmtlicher geistlichen Orden männlich und weiblichen Geschlechts der katholischen Kirche II., Prag 1821, sowie aus weiteren Bildmaterialien im Besitz der Bibliothek des Klosters Strahov stellten für den Katalog Jana Chržová, Evermod Gejza Šidlovský, O. Praem. und dr. Josef Klimeš zusammen. Beispiele der Ordenswappen wählte dr. Jiří Pokorný aus. Allen angeführten Personen und meiner Frau, Alena Jirásková, Verfasserin der Register, spreche ich meinen Dank aus für ihre Hilfe beim Zustandekommen vorliegender Publikation.

MÄNNLICHE ORDEN

Die Malteserritter — Die Johanniter

(Ordo Melitensium, Ordo Joannitorum)
Regel des hl. Augustinus

Der Malteser- oder Johanniterorden entwickelte sich aus einer Fraternität italienischer Kaufleute aus Amalfi, die um das Jahr 1040 in Jerusalem bei der Kirche des hl. Johannes d.Täufers ein Hospital zur Pflege der Pilger zum Heiligen Grabe gründeten. Die ursprünglich nach der Benediktinerregel lebende Bruderschaft machte sich im Jahre 1099 selbständig, 1119 wurde sie, jedoch mit der Augustinerregel, von Papst Paschalis II. bestätigt. Nach dem Fall Jerusalems im Jahre 1187 übersiedelte das Hospital zunächst nach Akkon. Sein oberster Vertreter, der seit 1267 den Titel Großmeister trägt, übersiedelte gegen Ende des 13. Jahrhunderts nach Zypern; von 1309 bis zur Einnahme der Insel durch die osmanischen Türken 1522 residierte er auf Rhodos. Kaiser Karl V. verlieh 1534 den Johannitern die Insel Malta als Lehen, die Hauptsitz des Großmeisters wurde und bis zur Besetzung durch die Engländer im Jahre 1800 Hauptsitz blieb. Der Johanniterorden wird erst seit 1534 auch Malteserorden genannt. Im Jahre 1834 wurde der Sitz des Großmeisters auf den Aventin in Rom verlegt.

Nachdem sich der Orden rasch in ganz Europa verbreitet hatte, wurde er administrativ nach Länder oder Zungen in einzelne Provinzen, die Priorate genannt werden, eingeteilt. Bei der Gründung von Spitälern wurde er durch zahlreiche päpstliche Privilegien begünstigt, die reiche Schenkungen an Besitz, Legate der Herrscher sowie weiterer Wohltäter, vornehmlich aus den Reihen des Adels, begleiteten. Nach dem Westfälischen Frieden 1648 mußte sich der Orden aus den protestantichen Ländern zurückziehen. Im 19. Jahrhundert büßte er infolge der Säkularisierung die meisten seiner Besitztümer in Spanien, Italien, Bayern, Westfalen, Preußen und Rußland ein. Im Jahre 1938 wurde das Großpriorat Böhmen vom Großpriorat Österreich getrent (bis 1945), dem Orden verblieben außerdem die Großpriorate Rom, Sizilien und Lombardei-Venedig. Der Orden ist als souverän anerkannt, der in eingenen Staaten durch Gesandte vertreten ist.

Die Hauptaufgabe des Ordens war bereits in den ersten Statuten ausgedrückt, die um 1135 von Raymund de Puy verfaßt und 1181 von Roger de Moulins ergänzt wurden. Die Statuten bestimmten die Bedingungen der Aufnahme in die Fraternität, verpflichteten ihre Mitglieder zum Gelübde der Keuschheit, des Gehorsams und der Armut und legten die Art der Annah-

27

und Komtur) gewählt werden, und in Priester mit dem Prior an der Spitze. Eine dritte Gruppe bilden Mitglieder aus dem Laienstande — Ehrenritter, die keine feierlichen Gelübde ablegen.

Nach Böhmen kamen die Johanniter unter Wladislaw II., etwa in den Jahren 1156 — 1159. Die älteste Kommende entstand auf Anregung des Kanzlers Gervasius und des Leimeritzer Propstes Martin bei der älteren ‚Marienkirche unter der Kette‘, unweit der Judithbrücke. Die Prager Kommende wurde Hauptsitz des höchsten Würdenträgers der Provinz Böhmen, des Großpriors. In der 2. Hälfte des 13. Jahrhunderts übersiedelte der Prior in die von Bawor I. von Strakonitz im Jahre 1242 gegründete Kommende Strakonitz (Strakonice), von dort kehrte er erst anfang der dreißiger Jahre des 18. Jahrhunderts wieder nach Prag zurück. An der Spitze des Priorates Böhmen (seit 1626 Großpriorat) stand zuerst ein Praeceptor (nach 1325 ein Generalprior) und seit 1626 ein Großprior. Außer den Ländern Böhmens, einschließlich Teschens und Schlesiens, umfaßte das Priorat Böhmen auch Österreich, die Steiermark, Kärnten, Krain und Tirol.

Die im Großpriorat Böhmen bis ins 20. Jahrhundert tätigen Ordenshäuser sind Überreste aus der großen Anzahl von Kommenden, Konventen und Pastoralverwaltungen des alten böhmischen Priorats der Johanniter, die zumeist vor 1420 entstanden sind. Zum Ordensbesitz gehörten neben Spitälern und Kommenden auch ausgedehnter Grundbesitz, Dörfer, Städtchen und inkorporierte Pfarreinen. Zu den ältesten Kommenden in Böhmen zählten neben Prag und Strakonitz z.B. Kaaden (Kadaň), Manětín, Jungbunzlau (Mladá Boleslav), Světlá und

me von Almosen und die Fürsorge um kranke Pilger fest. Obwohl die ältesten Statuten noch nicht von Rittern sprechen, hatte der Orden seit seinen Anfängen auch steitbare Mitglieder, die den Umwandlungsprozeß der Fraternität in einen Ritterorden beschleunigten, der an den Kämpfen gegen die Ungläubigen beteiligt war. Die Ordenspriester übernahmen auch Pastoralaufgaben bei der Leitung der Seelsorge in den ihnen anvertrauten Kirchen.

Die Ordensmitglieder mit feierlichen Gelübden heißen Professen. Sie gliedern sich in Profeßritter (adeligen Ursprungs), aus denen die höchsten Würdenträger des Ordens, der Provinzen sowie der einzelnen Kommenden (Großmeister, Großprior, Großballei

28

Bohmisch Aicha (Český Dub), Horažďovice, zu denen in jüngerer Zeit beispielswiese noch Měcholupy, Dožice und Obytce hinzukamen; in Mähren waren Kommenden in Brünn (Brno), Kremsier (Kroměříž), Vážany, Eiwanowitz (Ivanovice), Oberkanitz (Horní Kounovice), Orlovice, Přibice; in Schlesien in Troppau (Opava) und Maidelberg (Dívčí Hrad). u.a. Mit reichen Stiftungen ausgestattete Pfarrkirchen betreute der Orden z.B. in Radomyšl, Pičín, zu den bekanntesten zähl in neuerer Zeit (nach 1784) die Kirche St. Maria de Victoria auf der Kleinsei-te in Prag, in der sich das Prager Jesulein befindet.

Wappen: in rotem Feld silbernes Kreuz, hinter dem Schild achtzackiges Malteserkreuz

Wahlspruch: Defensio fidei et obsequium pauperum

Ordenstracht: schwarzer Talar mit Malteserkreuz auf der linken Brust seite, schwarze Mozetta mit großem Malteserkreuz

Jetzige Adresse:
Suverénní Maltézský rytířský řád
Velkopřevorské náměstí 4/485
118 00 Praha 1 - Malá Strana

29

Der Deutsche Orden

(Ordo Equitum Teutonicorum)
Regel des hl. Augustinus

Der Orden entwickelte sich aus der ursprünlichen Spitalsbruderschaft der Bremer Kaufleute beim Pilgerhospital in Akkon. Mit Zustimmung von Papst Klemens III. wurde er 1191 ein einen Spitalsorden Umgewandelt und 1198 als Ritterorden bestätigt. Nach dem Fall von Akkon und dem Verlust weiterer Positionen im Heiligen Land wurde der Sitz des Hochmeisters zuerst nach Venedig und 1309 nach der Marienburg in Peußen übertragen, das Ordensland geworden war. Seit Beginn des 13. Jahrhunderts breitete sich der Deutsche Ritterorden rasch über ganz Europa aus. Nachdem der Hochmeister 1525 zum Protestantismus übergetreten war, wurde die Kommende Mergentheim Hauptsitz des Großmeisters. Seit dem 17. Jahrhundert siedelte sich der Orden auch im Gebiet von Mähren und Schlesien an. Nach auflösung seiner Häuser in Deutschland im Jahre 1815 behielt er seine Positionen vornehmlich in den Ländern der habsburgischen Monarchie, wo er 1840 auch reformiert wurde. Hauptsitz des Großmeisters wurde

Freudental (Bruntál). Seit 1929 ist der Orden als Bettelorden organisiert und hatte 1938 vier Baillien — die tschechoslowakische, die österreichische, die italienieche und Laibach. Im Jahre 1939 wurde der Orden aufgehoben, 1945 auf neuer Organisierungsbasis erneuert.

Neben seiner primären Aufgabe — dem Dienst in der Charitas kommt bei den Deutschen Rittern von allen mittelalterlichen Ritterorden wohl am meisten seine militante Komponente zur Geltung. Durch die Verbindung mit dem Orden der Schwertbrüder 1236 wurde eine Kampfkraft geschaffen, die befähigt war, an spruchsvolle Missionsaufgaben zu übernehmen. Als Vorhut des Christentums im Kampf gegen die heidnischen Preußen, Litauer und Türken spielte der Orden mit Unterstützung zahlreicher europäischer Herrscher eine wichtige Rolle in der Geschichte der Länder Mittel- und Osteuropas. Sein Wirken war stets auch mit Koloniesierungsaktivität und wirtschaftlichen Unternehmungen verbunden. Der Orden zeichnete sich durch eine perfekte Wirtschaftsführung seiner Herrschaften aus, denen er die souveräne politische, gerichtliche und finanzielle Macht ausübte. Von Anfang an übernahmen die Ritter auch die Verwaltung der inkorporierten Pfarrkirchen, an manchen Orten waren sie zur Errichtung von Spitälern verplflichtet. Seit der 2. Hälfte des 16.

Jahrhunderts, als sich die ursprüngliche Funktion des Ordens einschränkte, waren die Ritter vornehmlich als Priester in der Seelsorge tätig. In Mähren nimmt der Orden gegenwärtig seine Tätigkeit wieder auf.

Der Orden ist territorial in Ordensprovinzen, Baillien, mit dem Landkomtur an der Spitze, eingeteilt, dem die Komturen, die Oberen der Kommenden, unterstellt sind. Der Orden gliedert sich seit seinen Anfängen in drei Hauptgruppen — Ritter, Kapläne und dienende Brüder. Die Zahl der Mitglieder der letzten zwei Gruppen wurde im 14. Jahrhundert in jedem Konvent auf je sechs festgelegt. An der Spitze stand ein Priester, der oft zugleich auch der Komtur war, dann folgte der Hierarchie der Kaplan; die weiteren Funktionen hatten zumeist wirtschaftlichen Charakter (Verwalter der Speicher, der Küche u.a.). Die tschechoslowakische Baillei gliederte sich vor ihrer Aufhebung in die Provinz der Ordensbrüder und die Proviz der Ordensschwestern, mit den Provinzialhäusern in Troppau. An der Spitze des Ordens stand der Hochmeister, jede Provinz hatte ihren eigenen Oberen und gliederte sich in Priester, Laienbrüder, Novizen und Alumnen, bei denen ein Ordensname eingeführt war. Der Orden hatte ferner eine größere Anzahl von Laienmitgliedern, nämlich Profeßritter, Ehrenritter und sogenannte Marianer.

Nach Böhmen kamen die Deutschherren kurz nach 1200. Die alte Baillei Böhmen umfaßte Böhmen, Mähren und Schlesien und hatte vor 1420 eine große Anzahl von Kommenden, Spitälern und Ordenspfarreien. In Böhmen waren dies Prag, Drobovice, Polná, Řepín, Býčkovice, Miletín, Neuhaus (Jindřichův Hradec), Komotau (Cho-

mutov), Deutschbrod (jetzt Havlíčkův Brod), Eger (Cheb), Königgrätz (Hradec Králové), Bilin (Bílina), Pilsen (Plzeň), Vidžín; in Mähren Hosterlitz (Hostěradice), Austerlitz (Slavkov u Brna), Kromau (Moravský Krumlov) und Křenovice; in Schlesien Troppau (Opava), Neplachovice und Jägerndorf (Krnov). Unter den jüngeren Ordenshäusern gewann seit dem 17. Jahrhundert vornehmlich Troppau an Bedeutung; 1623 erwarb der Orden die Herrschaft Eulenberg (Sovinec), 1696 die Herrschaft Bouzov und 1707 Unter-Langendorf (Dolní Dlouhá Loučka).

Wappen: In silbernem Feld einfaches schwarzes Balkenkreuz

Ordenstracht: schwarzer Talar, weißer Mantel mit schwarzem Balkenkreuz

31

Die Templer

(Milites Templi, Fratres militiae Templi)

Regel des hl. Augustinus

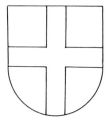

Der Orden wurde von französischen Adeligen im Jahre 1119 gegründet. Sein Name ist von der Lage der ältesten Niederlassung in Jerusalem in der Nähe des Tempels Salomons abgeleitet. Nach dem Fall von Akkon im Jahre 1291 übersiedelten die Templer zunächst nach Zypern und von dort nach Paris. In Laufe des 13. Jahrhunderts erreichte der Orden eine hohe Blüte dank zahlreicher Stiftungen von seiten des europäischen Adels, die dann eine der Ursachen waren, welche Papst Klemens V. in Avignon 1311—1312 auf Druck des französischen Königs Philipps des Schönen zur Aufhebung des Ordens veranlaßten. Ein Teil der Ordensgüter fiel anderen Ritterorden zu, vor allem den Johannitern. Reste der Templer überlebten noch einige Zeit in Portugal, wo sie den Christusorden gründeten.

Die Hauptaufgabe des Ordens bestand im Schutz der Pilgerstätten im Heiligen Land und im Kampf gegen die Ungläubigen. Ähnlich den Johannitern übernahmen auch die Templer charitative Aufgaben und wirkten in inkorporierten Pfarreien in der Seelsorge. Territorial gliederte sich der Orden in Provinzen. An seiner Spitze stand der Großmeister, die Landeskomturen der einzelnen Provinzen waren ihm untergeordnet. Die Kommenden wurden von einem Meister und einem Prokurator geleitet. Der Orden hatte Laienmitglieder, ferner Ritter, die die drei Ordensgelübde ablegten, und Priester.

Nach Böhmen wurden die Templer wohl schon unter König Wenzel I. berufen, um 1232 gründeten sie bei der Laurentiuskirche in Prag ihre erste Kommende. (Die in der Literatur häufig erwähnte zweite Kommende bei der St. Paulskirche ist nich mit Sicherheit nachzuweisen). Von hier aus leitete der Landkomtur die ganze böhmisch-mährisch-österreichische Provinz. Von den übrigen, sicher nachgewiesenen Häusern der Templer in Böhmen sind folgende zu nennen: Uhřiněves, Čakovice und Blatná; in Mähren: Jamolice, Čejkovice, Tempelstein und Vsetín und die bislang nicht lokalisierte Burg Freundsberg.

Wappen: in silbernem Feld rotes Balkenkreuz

Ordenstracht: weißer Mantel mit rotem achtzackigen Kreuz auf der linken Brust seite

Der Orden von Heiligen Geist

(Ordo Sancti Spiritus)

Der Orden ist im 12. Jahrhundert in Montpellier in Südfrankreich entstanden. Im Jahre 1204 betraute Papst Innozenz III. den Orden mit dem Hospital Sta Maria in Sassia in Rom, nach welchem sich die Ritter manchmal auch Brüder von Sassia nannten. Eines der bedeutendsten Spitäler entstand bereits in den Jahren 1208—1211 in Wien.

Die Hauptaufgabe des Ordens bestand in der Tätigkeit im charitativen Bereich, besonders in der Krankenpflege in Spitälern. Die Ordensregel betonte die strenge Armut, gegen deren Verstoß den Brüdern die Exkommunizierung drohte.

Der Ordensobere hatte den Titel eines Meisters, die Ordensmitglieder waren Profeßritter, Priester und Laienbrüder.

In den Ländern Böhmens breitete sich der Orden nach der Mitte des 13. Jahrhunderts aus, dies besonders in Mähren und Schlesien. Angesichts seiner Hauptaufgabe betätigte er sich zumeist in Stadtspitälern. Ein wichtiges Spital besaß er in Litovel bei St. Josef, ferner in Olmütz, Brünn und Telč; zahlreich vertreten war er in schlesischen Städten (Breslau, Glogau, Bunzlau, Bolkenhain u. a.). Alle Ordenshäuser gingen im 16. Jahrhundert ein.

Ordenstracht: schwarzer Talar mit Kapuze, bezeichnet mit silbernem Ankerkreuz oder mit einem an den Enden offenen Kreuz

Die Kreuzherren mit dem roten Stern

(Ordo militaris Crucigerorum cum stella rubea)
Regel des hl. Augustinus

Der Orden entwickelte sich aus einer von der hl. Agnes von Böhmen im Jahre 1233 bei der Kastuluskirche in Prag gestifteten Laien-Spitalsbruderschaft. Im Jahre 1237 erhob Papst Gregor IX. die Bruderschaft zu einem Orden mit Ordensregeln, der seit 1238 Selbstverwaltung besaß. Nachdem er kurze Zeit bei St. Peter am Poříč war, ließ er sich 1252 dauernd bei der Judithbrücke nieder, wo bald ein Kloster mit der Franziskuskirche und ein Spital entstanden. Aus der günstigen Lage des Konvents an einem wichtigen Handelsweg erstanden dem Orden auch gewisse Pflichten, wie Schanzarbeiten, Instandhaltung der Brücke u. a. Der Prager Konvent wurde zum Hauptsitz des Ordensoberen. Bald nach seiner Gründung breitete sich der Orden auch in Mähren, Schlesien, Polen und Ungarn aus.

Hauptaufgabe des Ordens war der Spitaldienst. Die Kreuzherren widmeten sich jedoch seit ihren Anfängen auch der Seelsorge in den ihnen anvertrauten Pfarreien. Die Ordensstatuten stammen von 1675, in den siebziger Jahren des 19. Jahrhunderts wurden sie überarbeitet.

Bis zum Ende des 13. Jahrhunderts würden in die Kommunität auch weibliche Mitglieder aufgenommen (z.B. in Mies) die in den Spitälen die Arbeit besorgten.

Der Ordensobere hatte den Titel eines Meisters, später den eines Generals und Großmeisters. Bis ins 18. Jahrhundert hatte der Orden auch Laienbrüder, dann nur noch Priester. Die Priester werden eingeteilt in Ordenskonsultorenn (fünf an der Zahl — Pröpste und Komture) und in übrige Ordensmitglieder. Manche Ordenspriester wurden Ehrenkomture, so der Prior des Prager Hauses.Die niederen Kleriker legten nur einfache Gelübde ab; Ordensnamen waren nicht eingeführt.

Der einheimische Ursprung des Kreuzherrenordens trug zu seiner außerordentlichen Entfaltung bereits unter König Wenzel I. bei. Außergewöhnlich rasch breitete er sich in den Städten aus; charakteristisch für ihn war, daß er sich bei besonders wichtigen Kirchen niederließ, bei denen er die Seelsorge und meist auch die Pflicht ein Hospital zu errichten und zu betreuen, übernahm. Die größte Entfaltung des Ordens fällt in die Zeit Karls IV., als er etwa 60 Hospitäler, Häuser und Pfarrkirchen in den Ländern Böhmens und in Ungarn besaß.

35

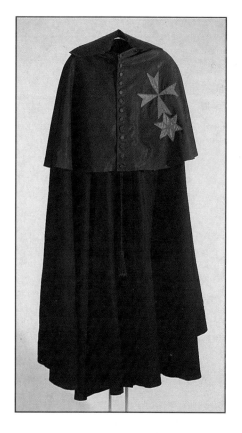

Schweidnitz, Liegnitz u. w., die bis zur Säkularisierung im Jahre 1810 bestanden. In jüngerer Zeit betreuten die Kreuzherren eine Reihe von Pfarreien, namentlich in Westböhmen (Karlsbad-Sedletz, Eger,Tachau, Elbogen u. a.), von Bedeutung war auch die Seelsorge an der Karlskirche in Wien.

Eine wichtige Rolle fiel dem Orden bei der Erneuerung des Prager Erzbistums in Jahre 1561 zu, als der Großmeister der Kreuzherren und Wiener Bischof Anton Brus von Müglitz die Leitung der Erzdiözese übernahm; die Großmeister hatten dannn das Amt des Erzbischofs bis zum Jahre 1668 inne.

Wappen: in schwarzem Feld rotes achtzackiges Kreuz, unter diesem roter sechszackiger Stern

Ordenstracht: schwarzer Talar mit zwei weißen Streifchen am Collar, achtzackiges rotes Kreuz, unter diesem sechszackiger roter Stern auf der rechten Brustseite.

Jetzige Adresse:
Rytířský řád křižovníků s červenou hvězdou
Křižovnické náměstí 191
110 00 Praha 1-Nové Město

Zu den wichtigsten Kommenden in vorhussitischer Zeit gehörten außer Prag Mies (Stříbro), Brüx (Most), Leitmeritz (Litoměřice), Eger (Cheb), Klattau (Klatovy), Aussig a. d. Elbe (Ústí n. Labem), Kouřim, Písek, Prag-Neustadt, Budweis (České Budějovice), Schüttenhofen (Sušice), Kulm (Chlum n. Ohří) und in Mähren die Propstei Pöltenberg bei Znaim. Die meisten Ordenshäuser sind mit Ausnahme des Konvents in Prag während der Hussitenkriege eingegangen. Wichtig waren auch die Kommenden in Schlesien, z. B. Breslau, Bunzlau,

Die Kreuzherren mit dem roten Kreuz — Chorherren vom Heiligen Grab (Sepulchriner)

(Fratres Cruciferi, Canonici Sacrosancti Sepulcri Dominici Hierosolymitani)

Regel des hl. Augustinus

Der Orden wurde im 12. Jahrhundert in Jerusalem ursprünglich zum Schutze des Heiligen Grabes gegründet. Eine neue Aufgabe fiel ihm zu, als er sich in Europa ausbreitete. Seine Mitglieder waren im charitativen Dienst in Spitälern tätig, ein wichtige Komponente seines Wirkens war die pädagogische Tätigkeit in Schulen und die Seelsorge in inkorporierten Pfarreien.

An der Spitze des Ordens stand der Patriarch von Jerusalem. Die böhmische Provinz, die auch Schlesien und Polen umfaßte, leitete der Präzeptor, seit dem 13. Jahrhundert der Propst des Prager Konvents, den der Prior und der Subprior vertraten. Die Mitglieder des Ordens waren Priester und Laienbrüder.

Das älteste Ordenshaus in Böhmen entstand vor 1188 aufgrund einer privaten Stiftung der Brüder Kojata und Všebor bei einer älteren Eigenkirche des hl. Peter am Zderaz. Gemeinsam mit der Kirche fiel dem Orden auch weiterer Besitz zu, der durch zahlreiche Stiftungen während des 13. und 14. Jahrhunderts vermehrt wurde. In vorhussitischer Zeit besaß der Orden mehrere Kommenden, städtische Spitäler und eine größere Anzahl von Seelsorgen. In Prag waren dies die Spitäler und das Haus am Zderaz, bei der Wenzelskirche , St. Petr- und Pauls Kirche und die Lazaruskirche in der Neustadt, weitere Spitäler verwaltete der Orden in Trautenau (Trutnov) und in Nymburk. Die schlesische Propstei in Neiße hatte drei Filialpropsteien in Frankenstein, in Reichenbach und in Ratibor, in Polen hatte der Orden die Propstei Miechov. Im Laufe der Hussitenkriege büßte der Orden seinen reichen Besitz ein. Die Bemühungen um eine Erneuerung der Propstei in Prag, die bereits in den vierziger Jahren des 15. Jahrhunderts einsetzen, hatten erst 1573 Erfolg, als der Konvent erneuert wurde, der dann bis zur Aufhebung unter Josef II. im Jahre 1785 bestand.

Wratislawa, die Witwe Kojatas, gründete den weiblichen Zweig des Ordens, der sein Haus bis 1571 in Schwetz (Světec) hatte.

Wappen: in schwarzem Feld ein auf einem Schiffchen stehendes rotes Patriarchenkreuz

Ordenstracht: kurzer schwarzer Mantel, schwarzer Talar, auf der linken Seite der Brust rotes Patriarchenkreuz

Die Kreuzherren mit dem roten Herzen — die Weissen Kreuzherren — Die Cyriaker

(Canonicus Ordo Crucigerorum cum Corde rubeo)

Regel des hl. Augustinus

Der Orden wurde zur Zeit der Kreuzzüge im 12. Jahrhundert gegründet und nach dem hl. Cyriakus (+305) benannt. Größere Verbreitung fand er vor allem in Polen, wo die Cyriaker 1254 am Kreuzzug gegen die heidnischen Preußen teilnahmen.

Die Hauptaufgabe des Ordens bestand in der Krankenpflege in Spitälern und in der Seelsorge.

Ordensoberer war der Generalprior, der zuerst in Rom und ab 1340 in Prag seinen Sitz hatte. An der Spitze der einzelnen Konvente, die Kanonnien hießen, stand der Prior, seit 1626 der Propst.

König Přemysl Ottokar II. berief die Cyriaker nach Böhmen. Der älteste Konvent entstand 1256 in Prag bei der Kirche des Heiligen Größeren Kreuzes in der Altstadt (die Kirche erlangte später Berühmtheit als erste zeitweilige Grabstätte des hl. Johannes von Nepomuk 1393). Von hier aus besetzte der Orden weitere Häuser: in Pardubitz (Pardubice), (möglicherweise auch in Pardubičky), in Klášterec a. d. Adler, Orlík und Neu-Benatek (Nové Benátky); der Orden verwaltete ebenfalls einige Pfarreien (Solnice). Alle Kanonien gingen während der Hussitenkriege ein, der Prager Konvent wurde kurz durch Kreuzherren aus Regensburg erneuert, die hier in den Jahren 1437—1470 wirkten, von neuem dann erst im Jahre 1628 durch Cyriaker aus Krakau, die sich wieder beim Heiligen Größeren Kreuz niederließen, wo der Konvent bis zu seiner Aufhebung durch Josef II. im Jahre 1783 bestand.

Ordenstracht: zuerst roter Talar, seit dem 17. Jahrhundert weißer Habit mit Skapulier und Kapuze, an der linken Seite der Brust rotes Kreuz, unter diesem rotes Herz

Die regulierten Chorherren vom hl. Augustin — Augustiner-Chorherren

(Sacer et Apostolicus Ordo Canonicorum Regularium S. Augustini)

Regel des hl. Augustinus

Die regulierten Chorherren entwickelten sich im 11. Jahrhundert aus den Domkapiteln und Kollegiatstiften, deren Mitglieder (Chorherren) ein gemeinsames Leben führten. Nach Bestätigung der Ordensregeln durch den Heiligen Stuhl im Jahre 1059 entfaltete sich der Orden rasch in ganz Europa. Ausgangspunkt war der Mutterkonvent bei St. Peter in Pavia, eine wichtige Rolle für die Entfaltung der Liturgie, der Seelsorge und des geistlichen Lebens spielte die 1108 gegründete Abtei St. Viktor in Paris.

Die Ordensinstitution der Augustiner-Chorherren vereinigten unterschiedliche Elemente der klösterlichen Mönchsregeln und des priesterlichen Dienstes der Kleriker. Hauptaufgabe des Ordens ist das gemeinsame Chorgebet, die Arbeit in der Seelsorge, charitative Tätigkeit und wissenschaftliche Arbeit.

Die Organisationsstruktur des Ordens wurde auf dem Prinzip selbstän-diger Kanonien aufgebaut, die sich zu Kongregationen zusammenschlossen. Zu den wichtigsten zählt die 1050 gegründete Kongregation des Salvators im Lateran. Im Jahre 1386 wurde in Holland die Windesheimer Kongregation gegründet, die auf die eine engere Nachfolge Christi betonende Bewegung reagierte. Heute zählt der Orden sechs Kongregationen, die in einer einheitlichen Konföderation mit dem Abt-Primas an der Spitze zusammengeschlossen sind. Die Oberen der einzelnen Kanonien haben den Titel Propstt dieser empfängt die Abtsweihe. Weitere Funktionen sind Decanus, der Vizeprior, der Provisor, der für die wirtschaftlichen Angelegenheiten zuständig ist, ferner der Novizenmeister, der Bibliothekar, der Rektor, dem die Betreuung der Kirche übertragen ist u. a.

Die Augustiner-Chorherren kamen im 14. Jahrhundert nach Böhmen. Das älteste Kloster wurde in Raudnitz a. d. Elbe (Roudnice n. L.) 1333 gegründet, dann folgten die Klöster in Prag am Karlshof, in Jaroměř, Rokitzan (Rokycany), Sadská, Wittingau (Třeboň) und Landskron (Lanškroun); in Mähren Sternberg, Fulnek und Proßnitz (Prostějov). Wichtig waren auch die Häuser in Glatz, Breslau und Sagan. Im Laufe der Hussitenkriege gingen die meisten von ihnen ein. Vier erneuerte Klöster wirkten zusammen mit den neugegründeten Klöstern in For-

bes (Borovany) und Olmütz bis zu ihrer Aufhebung durch Josef II. im Jahre 1785.

Wappen: rot-silberner Schild mit 9 Balken und blau, golden eingesäunter Rhombus darin das Haupt Christi

Ordenstracht: weißer Talar mit Zingulum und mit Collar und schwarze Mozetta mit kleiner Kapuze. Eine Beson-

derheit ist das Sarrozium. Die Chorkleidung besteht aus einem weißen Talar mit Zingulum, Rochette und violetter Mozetta mit kleiner Kapuze

Jetzige Adresse:
Řeholní kanovníci sv. Augustina — kongregace Windesheim S. Viktor Hanácká 11, 620 00 Brno

40

Die Prämonstratenser

(Candidus et Canonicus Ordo Praemonstratensis)
Regel des hl. Augustinus

Der Orden wurde vom hl. Norbert von Xanten gegründet, der sich 1120 im Tal zu Prémontré — Pratum monstratum — unweit der französischen Stadt Coucy- niederließ, mit dem Ziel, die Idee eines selbständigen Ordens zu verwirklichen, mit der Aufgabe, klösterliches Leben mit Seelsorge und Apostalat zu verbinden. Norbert erhielt 1126 von Honorius II. die päpstliche Bestätigung seines Ordens. Im gleichen Jahr wurde er zum Ezbischof von Magdeburg ernannt und bis zu seinem Tod bemühte er sich unermüdlich um ein Reform des Klerus. Nach der Besetzung Magdeburgs durch die Protestanten gelang es dem Abt von Strahov, Caspar von Questenberg, die Reliquien des hl. Norbert in die Prämonstratenserkirche Strahov in Prag zu übertragen, wo sie bis in die Gegenwart als Reliquien des Landespatrons von Böhmen verehrt werden. Der Orden, an dessen Spitze bis 1790 der Abt von Prémontré als Generalabt stand, breitete sich rasch in ganz Europa aus, im 18. Jahrhundert war er auch in den Missionen in Amerika und Afrika tätig. Zur Zeit seiner größten Entfaltung zählte er an die Hunderten Kanonien, von denen heute noch 31 bestehen, davon vier in den böhmischen Ländern.

Die Ordensstatuten sind eine Synthese des kanonischen und monachischen Lebens, dessen Achse die Augustinerregel bildet. Hauptaufgabe der Ordensbrüder ist der feierliche Gottesdienst, die Verehrung der Eucharistie und die Marienverehrung, ein asketisches Leben und Apostolat in Form der Pfarrseelsorge. Bei den Prämonstratensern wurde zum erstenmal in der Geschichte der Kirche auch die Idee eines dritten Ordens für Laien, die außerhalb des Klosters leben und mit dem geistlichen Leben der Brüder und Schwestern verbunden sind, verwirklicht. Die Tätigkeit der Ordensmitglieder ist auf die wissenschaftliche und namentlich auf die pädagogische Arbeit an Schulen aller Stufen ausgerichtet. Seit seinen Anfängen leistete der Orden auch im wirtschaftlichen Bereich, in früheren Zeit besonders bei der Kolonisierung hervoragende Dienste. Unter den Mitgliedern des Ordens waren ausgezeichnete Pädagogen sowie Wissenschaftler, im 18. und 19. Jahrhundert z. B. Karel R. Ungar, der erste Direktor der Universitätsbibliothek in Prag, oder Gottfried Johann Dlabač, ein anerkannter Kunsthistoriker.

Der Orden war und ist eine Verbindung sichselbst Verwalten der Klöster. Seine höchste Autorität ist das Generalkapitel dem der Generalabt vorsitzt. Die einzelnen Häuser, gennant Kanonien sind Abteien denen Äbte vorstehen. Im Rahmen der Staaten und Länder bilden sie Provinzen oder Zirkarien, die dem Vikar des Generalabts unterstellt sind. Die Kanonien bleiben in Tochterbeziehung zu den Klöstern, von denen aus sie besiedelt wurden. Wichtige Funktionen üben ferner der Prior, der Subprior, der Zirkator, der Provisor, der Cantor u. a. aus, der Vorgesetzte der Kleriker ist der Magister clericorum. Die Institution der Laienbrüder ging bei uns anfangs des 19. Jahrhunderts ein, jetzt wird sie wieder eingeführt. Die Ordensmitglieder gebrauchen zusammen mit ihrem Taufnamen auch einen Ordensnamen.

In Böhmen entstand das erste Kloster der Prämonstratenser bereits zwanzig Jahre nach der Ordensgründung. Es wurde zu Beginn der vierziger Jahre des 12. Jahrhunderts mit Unterstützung Wladislaws II. durch den Olmützer Bischof Heinrich Zdík in Prag auf dem Strahov gestiftet (Regia canonia Strahoviensis in Monte Sion Pragae). Es wurde aus der Kanonie Steinfeld in der Eifel besetzt. Die Gründung begleiteten reiche Stiftungen des Herrschers und des Bischofs, mit deren Beihilfe die der Jungfrau Maria geweihte Klosterkirche erbaut wurde, die zugleich auch als fürstliche Grablege bestimmt war (Wladislaw II. wurde hier 1174 beigesetzt). Von Strahov aus wurden weitere Klöster und Propsteien in Böhmen und Mähren besetzt — Leitomischl (Litomyšl), Mühlhausen (Milevsko), Tepl (Teplá) (Stiffter von Tepl war der Adelige Hroznata, der später selber in den Orden eintrat, im Kerker als Martyrer

starb und 1897 seliggesprochen wurde), Kloster Hradisch (Klášterní Hradisko), Klosterbruck bei Znaim (Louka u Znojma), Zabrdowitz (Zábrdovice), in jüngerer Zeit Neureisch (Nová Říše). Im Laufe der Hussitenkriege verlor der Orden den größten Teil seiner Klöster. Einige Abteien erneuerten ihre Tätigkeit erst wieder im Rahmen der Rekatholisierung protestantischer Gebiete im 16. Jahrhundert, als Johann Lohelius, Vikar des Generabts für die böhmischen Länder, Ungarn und Polen, ab 1612 auch Erzbischof von Prag war. Bei allen Kanonien waren Pfarrkirchen inkorporiert, manche Klöster Verwaltetten auch schulische Einrichtungen, z. B. das theologische Institut Collegium Norbertinum in Prag, ferner Realschulen und Gymnasien in Deutschbrod (Havlíčkův Brod), Saatz (Žatec), Reichenberg (Liberec), Rakonitz (Rakovník) und Pilsen (Plzeň). Zur Zeit existieren in Böhmen und Mähren die Kanonien in Prag-Strahov, Seelau (Želiv), Tepl (Teplá) und Neureisch (Nová Říše).

Wappen: in blauem Schild zwei gekreuzte goldene oder silberne Abtsstäbe und goldene oder silberne französische Lilien

Ordenstracht: weißer Habit mit Skapulier und Zingulum, weißes Birett. Zur Chorkleidung gehört ein weiße Mozetta mit kleiner Kapuze

Jetzige Adresse:
Premonstráti
Klášter Strahov
Strahovské nádvoří 132
118 00 Praha 1

Premonstráti
Klášter Nová Říše
Nopova 84
615 00 Brno

42

Premonstráti
Klášter Teplá
Ibsenova 92
353 01 Mariánské Lázně

Premonstráti
Klášter Želiv
Hakenova 3/2582
580 01 Havlíčkův Brod

43

Die Benediktiner

(Ordo Sancti Benedicti)
Regel des hl. Benedikt

Der Benediktinerorden ist der älteste organisierte Orden des Abendlandes. Er wurde durch den hl. Benedikt gestiftet, der zuerst als Einsiedler in Subiaco lebte und im Jahre 529 den ersten Konvent der Ordens in Monte Cassino gründete. Die Benediktinermönche waren die ältesten Missionare auf den britischen Inseln, bei den Germanen und Slawen. Ihre Klöster wurden zu wichtigen Mittelpunkten von Bildung, Kunst und Wirtschaft. Im Laufe seiner Entwicklung machte der Orden mehrere Reformen durch, aus denen weitere selbständige Orden hervorgingen. Von den frühen Reformbewegungen war dies vor allem die von Cluny, die anfang des 10. Jahrhunderts vom Konvent in Cluny ausging und im 11. Jahrhundert unter Papst Gregor VII. ihren Höhepunkt erreichte.

In Monte Cassino verfaßte Benedikt seine Regel, die konsequent von der Bibel ausgeht und die Grundprinzipien des monastischen Lebens bestimmt. Zu den Hauptpflichten der Mönche gehört das gemeinsame Gotteslob, vollkommener Gehorsam und Demut sowie intensive, gewissenhafte Arbeit. Hauptaufgaben sind kontemplatives Leben, gemeinsames Chorgebet, Arbeit in der Seelsorge, Lehrtätigkeite in der Schule, manuelle Arbeit und in älterer Zeit auch systematischer Ackerbau und Kultivierung des Bodens.

Die zahlreichen Häuser des Benediktinerordens organisierten sich in mehreren Kongregationen. Von denen der Neuzeit war durch Gelehrsamkeit besonders die Kongregation der Mauriner in Frankreich berühmt, deren Mitglieder Gründer der historischen Hilfswissenschaften waren. An der Spitze des gesamten Ordens steht der Abt-Primas, der seinen Sitz im internationalen Kolleg St. Anselmo auf dem Aventin in Rom hat. Die einzelnen Kongregationen leitet ein Erzabt oder Präses. An der Spitze bedeutenderer Klöster steht jeweils ein Abt, kleinere Häuser heißen Priorate, die unter der Leitung eines Priors stehen, eine dritte Gruppe bilden Propsteien mit einem Propst an der Spitze. Andere Funktionen eines Konvents sind der Subprior, der Provisor (wirtschaftliche Angelegenheiten), der Novizenmeister u. a. Die Ordensmitglieder teilen sich in Priester und Laienbrüder, letztere dann in Konversen mit feierlichen Gelübden und in weltliche Diener — Mitglieder der Klosterkommunität ohne Gelübde.

In den böhmischen Kronländern waren die Benediktiner im Rahmen der alten böhmisch-mährischen Kongregation organisiert, an deren Spitze stand meist der Abt des Klosters in Břevnov. Dieses älteste Mönchskloster in Böhmen wurde im Jahre 993 von dem zweiten Prager Bischof, dem hl. Adalbert, und von Herzog Boleslaus II. gegründet. Zu den ersten Klöstern des Ordens gehörten Ostrov bei Davle, Sázava (erster Abt war der hl. Prokop, der 1204 von Innozenz III. kanonisiert wurde; in den Jahren 1032—1096 wurde im Kloster die Liturgie in slawischer Sprache gefeiert), Opatovice a. d. Elbe, Leitomischl (Litomyšl); die neuen Reformorden besetzten seit Beginn des 12. Jahrhunderts die Klöster in Kladrau (Kladruby), Podlažice und Vilémov. Im 14. Jahrhundert kamen das Emauskloster in Prag, wo die slawischen Ideen von Sázava neue auflebten, und das Kloster in Braunau (Broumov) hinzu. Zu den bedeutenden Häusern in Mähren, gehörten insbesondere Raigern (Rajhrad) und Trebitsch (Třebíč). Der Orden hatte außerdem eine größere Anzahl von Propsteien, Prioraten oder Zellen in Böhmen und in Mähren. Eine besondere Stellung unter ihnen nahm das Haus der italienischen Benediktiner mit Mailänder Liturgie (Ambrosianer) ein, die Karl IV. 1355 nach Prag berief (bei der St. Ambrosius Kirche). Zahlreiche Konvente gingen im Laufe der Hussitenkriege ein, ein Teil von ihnen wurde zur Zeit Josefs II., die übrigen 1950 aufgehoben. Die letzte der Kongregationen in den Ländern Böhmens ist die Slawische Kongregation des hl. Adalbert, die im November 1945 entstanden ist und zu der die Abteien in Břevnov, Raigern (Rajhrad), Braunau (Broumov) und Emaus gehören.

Wappen: in blauem Feld ein goldenes Patriarchen Kreuz mit dem Wahlspruch PAX auf drei goldenen Bergen
Wahlspruch: ORA ET LABORA
Ordenstracht: schwarzer Habit mit Zingulum, schwarzes Skapulier, in Klöstern strengerer Observanz auch Kapuze
Jetzige Adresse:
Řád sv. Benedikta, Opatství Břevnov
Markétská 1, 169 00 Praha 6-Břevnov

45

Die Zisterzienser

(Ordo Cisterciensis)
Regel des hl. Benedikt

Die Gründung geht auf Reformbestrebungen einiger Benediktiner aus dem Kloster Molesmes in Frankreich zurück, die sich 1098 in die Einöde Citeaux (Cistercium) bei Dijon in Burgund zurückzogen, wo sie einen neuen Konvent gründeten. Die Reform beendete Bernhard von Clairvaux nach seinem Eintritt ins Kloster im Jahre 1113. Papst Kalixt II. bestätigte 1119 den neuen Orden und bald breiteten sich neue Zisterzienserklöster in Frankreich, Deutschland und im übrigen Europa aus. Der Konvent in Citeaux wurde zur Mutter aller übrigen Klöster, bei denen die Tochterbeziehung der Unterordnung unter das Stammkloster in Citeaux streng beachtet wurde. Der Konvent in Citeaux war zugleich Sitz des Generalabtes, hier wurden die Generalkapitel in Anwesenheit der Äbte aller Klöster Abgehalten.

Die Hauptaufgabe des Ordens ist bereits in den ältesten Statuten der Äbte Alberich, Stephan Harding und des hl. Bernhard enthalten. Sie verpflichtete die Ordensmitglieder zum Verzicht auf weltliches Leben, zu unbedingter Hingabe an den Dienst der Kirche, zu Demut, freiwilliger Armut, Gehorsam, zu manueller Arbeit, zu Ordensdisziplin und zum Streben nach Vollkommenheit. Eine wichtige Pastoralaufgabe erstand dem Orden später in der Seelsorge in den Pfarreien. In älterer Zeit spielten die Zisterzienserklöster eine wichtige Rolle bei der Kultivierung neu kolonisierter Gebiete, ihre Häuser wurden zu Wegbereitern in der Einführung fortschrittlicher Methoden in der Bodenkultivierung evenso wie zu Pflegestätten von Kultur, Kunst und Bildung. In der Architektur ihrer Ordenshäuser und Kirchen entfalteten die Zisterzienser einen spezifischen zisterziensisch-burgundischen Stil, der die Baukunst des Mittelalters wesentlich gekennzeichnet hat.

Territorial wurde der Orden in Provinzen, sogenannte Kongregationen, gegliedert, an deren Spitze ein Generalvikar und ein Visitator standen. Einzelne Konvente hießen Abteien und Priorate, kleinere Häuser Propsteien. Die böhmischen Länder bildeten seit Beginn des 17. Jahrhunderts das böhmisch-mährisch-lausitzer Vikariat, das eigene Statuten (z. B. von 1699) hatte.

In Böhmen hatte der Orden Konvente schon seit Mitte des 12. Jahrhunderts; der erste Konvent war Sedletz bei Kuttenberg (Sedlec u Kutné Hory), kurz danach folgten Plass (Plasy) und Münchengrätz (Mnichovo Hradiště), später Nepomuk, Kláśter nad Dědinou, Mašťov, Osseg (Osek). Bei den Klostergründungen treten neben dem Herrscher immer stärker adelige Stifter in den Vordergrund. Zahlreiche Schenkungen und Stiftungen der Gründer sowie weiterer Gönner des Ordens bildeten die Grundlage seines Landbesitzes, der einer der größten im vorhussitischen Böhmen war. Im 13. Jahrhundert kamen die zwei berühmten südböhmischen Klöster in Goldenkron (Zlatá Koruna) und Hohenfurth hinzu, letzteres als Grablege der letzten Rosenberger, und 1292 gründete Wenzel II. das Kloster in Königsaal (Zbraslav — Aula Regia), dessen der Muttergottes geweihte Klosterkirche zugleich als königliche Begräbnisstätte errichtet wurde. Der Abt von Königsaal, Peter von Zittau, der Verfasser der Annales Aulae Regiae, hinterließ in seinem Werk ein wichtiges Zeugnis über die Zeit der letzten Přemysliden und der ersten Luxemburger und eines der bedeutsamsten Denkmäler der lateinischen Literatur in Böhmen. Im 13. Jahrhundert wurden auch die mährischen Klöster in Velehrad, Saar (Žďár n. Sázavou) und Wisowitz (Vizovice) gegründet. Der Orden besaß außerdem eine größere Zahl kleinerer Klöster und Propsteien in Böhmen und Mähren, z. B. Nížkov, Dubina, Skalitz (Klášterní Skalice), Böhmisch Leipa (Česká Lípa), Kouřim, Chotěboř, Marienteinitz (Mariánský Týnec) und Přibyslav u. a. Alle Konvente hatten in — korporierte Pfarreien.

Wappen: in blauem Feld mit goldenen französischen Lilien altburgundischer Schild

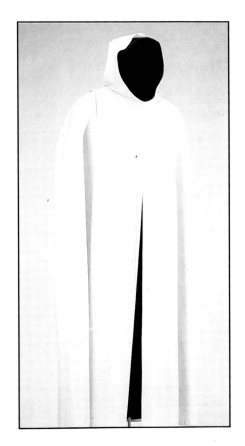

Wahlspruch: Cistercium Mater nostra
Ordenstracht: weißer Talar mit schwarzem Skapulier und mit schwarzem Zingulum, weißer Chormantel, die Äbte haben eine schwarze Mozetta. Der Collar ist auf besondere Art zugespitzt und mit drei schwarzen Knöpfchen versehen (die Ziesterzienser werden „graue Mönche" genannt nach ihrer Ordenskleidung aus einfachem, ungefärbtem Tuch)
Jetzige Adresse: Řád cisterciáků
Cisterciácký kláśter
382 73 Vyšší Brod

47

Die Coelestiner

Regel des hl. Benedikt

Der Orden wurde im 13. Jahrhundert von Pietro von Morrone, dem späteren Papst Cölestin V. (+1296), in einer Einsiedlergemeinde auf dem Berg Majella gegründet. Der älteste Konvent in

Sulmona war die einzige Ordensabtei und zugleich Sitz des Generalabtes.

Die Cölestiner sind ein Reformzweig des Benediktinerordens mit besonders starker Verehrung des Heiligen Geistes (daher auch der Buchstabe S — Spiritus Sanctus — im Ordenskreuz). Einige Bräuche übernahmen sie von der strengeren Observanz der Franziskaner-Spiritualen. Sie widmeten sich vor allem der systematischen wissenschaftlichen Tätigkeit.

Der Orden war territorial nach Provinzen organisiert, die der Provinzial leitete; an der Spitze der einzelnen Konvente, der sogenannten Parakleten, stand jeweils ein vom Ordensdefinitorium gewählter Prior. Der Orden hatte Priester sowie Laienbrüder.

Nach Böhmen wurden die Cölestiner 1368 von Karl IV. berufen; sie gründeten hier nur einen kleinen Konvent bei der Kapelle des hl. Michael unterhalb des Wyschehrads, die sie 1387 erhielten. Der Großteil von ihnen ging auf die Burg Oybin bei Zittau, wo sie eine Paraklet gründeten. Das Priorat in Prag ging 1420 ein.

Ordenstracht: weißer Habit mit Gürtel, schwarzem Skapulier und Kapuze. Die Laienbrüder hatten am Skapulier ein Kreuz mit dem Buchstaben S

Die Kartäuser

(Ordo Cartusiensis)
Regel des hl. Benedikt

Der hl. Bruno, Kanonikus an der Domkirche in Reims, gründete im Jahre 1084 den Orden im einsamen Tal La Charteuse (Cartusium). Dieser Konvent — die Grande Chartreuse — wurde Sitz des Generalpriors des Ordens. Aus dem Stammkloster unweit von Avignon breiteten sich die Kartäuser über ganz Europa aus. Im Jahre 1176 bestätigte der Papst den Orden, der zu den strengsten überhaupt gehört.

In ihrer Lebensweise verbanden die Kartäuser monastische Elemente mit anachoretischen. Die Kartäuser führten ein reiches geistliches Leben, sie widmeten sich dem Gebet, dem kontemplativen Leben, dem Studium sowie manueller Arbeit, ihre Häuser wurden zu Zentren religiösen Denkens.

An der Spitze des Ordens stand der Generalprior. Die einzelnen Konvente, genannt Kartausen, leitete der Prior, dessen Vertreter der Vikar war; weitere Ordensämter sind das des Prokurators, des „lector refectorii", des Sakristans u. a. Der Orden schied sich in Religiosen (Priester) und Laienbrüder, welche niedere Arbeit verrichteten, z. B. als Köche, oder als Handwerker arbeiteten. Jedes Ordensmitglied hatte das Recht, eine eigene Zelle, d. h. ein kleines selbständiges Häuschen, zu bewohnen. Die einzelnen Kartausen waren selbständig, sie

schlossen sich zu Provinzen zusammen.

In den Ländern Böhmens sind die ersten Kartausen im 14. Jahrhundert entstanden, als erste die Kartause Hortus Mariae in Prag, weitere Kartausen waren in Tržek, Königsfeld bei Brünn (Královo Pole u Brna), Dolany, später in Olmütz. Einige sind in den Hussitenkriegen eingegangen, andere hielten sich bis zur Aufhebung der Klöster unter Josef II. im Jahre 1782. Zu den bedeutendsten Konventen aus der Zeit nach dem Weißen Berg gehörte die 1627 von Albrecht von Waldstein auf der Herrschaft Jičín gegründete Kartause in Valditz. Die Kartäuser in Böhmen und Mähren gehörten zur mittelalterlichen oberdeutschen Provinz, die auch Slowenien, Ungarn, Österreich, Tirol und Teile der Schweiz umfaßte und im 16. Jahrhundert reorganisiert wurde. Im Jahre 1782 hörte sie auf zu bestehen.

Wappen: in silbernem oder blauen Schild blaue oder silberne Erdkugel mit goldenem Kreuz, umgeben von sieben goldenen Sternen
Wahlspruch: Stat crux, dum volvitur orbis
Ordenstracht: weißer Habit mit weißem Ledergürtel, breites weißes Skapulier, Kapuze, schwarzer Mantel; die Laienbrüder tragen einen braunen oder grauen Habit

49

Die Dominikaner

(Ordo Fratrum Praedicatorum)
Regel des hl. Augustinus

Der Orden wurde vom hl. Dominikus gegründet und 1216 von Papst Honorius III. als Predigerorden gutgeheißen. Bald nach seiner Gründung begann er sich rasch in Westeuropa auszubreiten, seine ältesten Niederlassungen entstanden in Frankreich, Italien und Deutschland. Nach dem Tode des hl. Dominikus im Jahre 1221 zählte er in acht Provinzen bereits an die sechzig Häuser.

Der Orden ist als wirksame Waffe gegen die sich austreitenden volkstümlichen Ketzerbewegungen entstanden, die in Opposition zur offiziellen Lehre der Kirche stanten. In Zusammenhang mit der Entfaltung der Städte im 13. Jahrhundert, wo er sein Hauptwirkungsgebiet fand, entwickelte er sich tatkräftig zu einem Werkzeug, das die höheren und niederen Schichten der Stadtbevölkerung enger an die Kirche fesselte. Hauptaufgabe des Ordens wurde die Lehr-, Missions- und Predigertätigkeit, alle übrigen geläufigen Pflichten der Konventsmitglieder — Geben und körperliche Arbeit — waren ganz diesem Zweck untergeordnet. Die Mitglieder des Ordens spielten eine wichtige Rolle in der Verteidigung des reinen Glaubens, viele von ihnen entfalteten eine selbständige schöpferische Tätigkeit vor allem im Bereich der Philosophie.

Die ausschließlich in Städten gegründeten Dominikanerkonvente haben auch das äußere Antlitz der Stadte im Mittelalter deutlich geprägt. Für die Ordenshäuser war besonders ihre Lage im Rahmen des Stadtgrundrisses meist am Stadtrand bei der Stadtmauer typisch, die Klosterobjekte bilden oft direkt einen Bestandteil der Stadtbefestigung. Einige Bräuche hat der Orden von den Minoriten übernommen, vor allem das Prinzip strenger Armut. Weil sie in ihrer Tätigkeit auf Almosen angewiesen waren, wurden die Dominikaner zu zweitgrößten Bettelorden.

Der Orden hat eine zentralisierte Organisation mit dem General an der Spitze, teritorial gliedert er sich in Provinzen unter der Leitung der Provinziale. Die einzelnen Konvente haben als Vorsteher einen Prior, die Kleineren Häuse einen Subprior oder einen Vikar. Weitere Funktionen üben im Konvent ferner der Syndicus, der Conventus, der Sacrista maior, der Depositarius, der Bibliothecarius u. a. aus. Vorgesetzter der Laienbrüder ist der Magister conversorum ac postulantium. Seit dem 15. Jahrhundert sind

51

Ordensnamen eingeführt. In Böhmen
wurden die Dominikaner 1226 durch
den sel. Česlaus und dessen leiblichen
Bruder, den hl. Hyazinth, eingeführt.
Als erster Konvent in Böhmen wurde
das Prager Kloster bei St. Klemens in
der Neustadt gegründet (seit 1232 bei
St. Klemens in der Altstadt), kurz danach entstanden weitere Klöster in
Böhmen und Mähren — Brünn
(Brno), Leitmeritz (Litoměřice), Königgrätz (Hradec Králové), Olmütz
(Olomouc), Znaim (Znojmo), Iglau
(Jihlava), Gabel (Jablonné v Podještědí) und Turnau (Turnov). Die ältesten Konvente gehörten zur der ge-

meinsamen polnischen Provinz, die
1228 gegründet worden war; von dieser trennten sie sich in den Jahren
1298—1301 ab und bildeten eine selbständige böhmische Provinz. Von der
2. Hälfte des 13. bis zum 14. Jahrhundert kamen weitere neue Konvente in
Böhmen hinzu — Sezimovo Ústí,
Chrudim, Nymburk, Klattau (Klatovy), Budweis (České Budějovice),
Písek, Laun (Louny), Kolín, Eger
(Cheb), Beraun (Beroun), Pilsen
(Plzeň), Aussig (Ústí n. Labem), im 16.
um 17. Jahrhundert dann Prag (Altstadt, Kleinseite) und der Konvent bei
St. Ägidien (1626), Nové Dvory, Komotau (Chomutov); in Mähren: Unga-
risch Brod (Uherský Brod), Schönberg
(Šumperk) und in jüngerer Zeit Bosko-
witz (Boskovice). Von großer Bedeutung war der Konvent in Troppau
(Opava.)
   Eine Reihe von Klöstern wurde
durch die Hussitenkrige schwer be-
troffen, der größte Teil wurde unter
Josef II. im Jahre 1785 aufgehoben.
Der Rest gehörte von 1855 bis 1905 zu
der neu gegründeten Reichsprovinz;
die böhmische Provinz machte sich
1905 selbständig, der Provinzial hat
seinen Sitz bei der Ägidien-Kirche in
Prag.

Wappen: in silbern-schwarzem Feld
silbern-schwarzes Lilienkreuz
Wahlspruch: Veritas
Ordenstracht: weißer Habit, Ledergürtel mit Rosenkranz, weißes Skapulier
mit Kapuze, langer schwarzer offener
Mantel mit Kapuze; die Laienbrüder
tragen schwarzes Skapuliers und
schwarze Kapuzen
Jetzige Adresse:
Dominikáni — provincie českoslo-
venská
Husova 8
110 00 Praha 1-Staré město

Die Minoriten

(Ordo Fratrum Minorum Conventualium)
Regel des hl. Franziskus

Der Orden wurde 1209 durch den hl. Franz von Assisi gegründet. Die von ihm verfaßte Regel wurde 1223 durch Papst Honorius III. bestätigt. Im Laufe der folgenden Jahrzehnte breitete sich der Orden sehr schnell in ganz Westeuropa aus. Bereits seit Mitte des 13. Jahrhunderts begann er sich zu spalten, und zwar in die strengeren Nachahmer des hl. Franz — die Spiritualen — und in die, welche der gemäßigten Regel aufgrund neuer Privilegien folgten — die Konventualen — so bennant nach ihren prächtiger erbauten Konventen, durch die sie sich von jenen Brüdern unterschieden, die das Leben in Klausen bevorzugten. Beide Richtungen unterschieden sich scharf voneinander und der Orden machte schwere Kämpfe durch, die mehrere Generationen hindurch dauerten. Beide Gruppen waren bis zum Jahre 1443, als für die reformierten Brüder zwei neue Vikare erstellt wurden, und zwar ein zis- und ein transalpiner einem Ordensgeneral unterstellt. Zu den führenden Verfechtern der strengen Observanz gehörte Mitte des 15. Jahrhunderts der Generalvikar Johannes Kapistran, der auch in Böhmen durch seine Predigten berühmt war. Im Jahre 1517 wurde die definitive Teilung in zwei selbständige Orden durchgeführt, von denen der eine der Orden der Minderen Brüder, der Konventualen oder Minoriten, ist. Der zweite Orden faßt alle strengeren Observanten zusammen, die den Franziskanerorden bilden.

Der im Dienst der römischen Kirche gegen die ketzerischen Bewegungen tätige Orden betonte die Richtigkeit der kirchlichen Lehre, die Achtung vor den Priestern und die Subordination dem Papst gegenüber. Er wurde zum Verkünder einer neuen Frömmigkeit und Begeisterung für das Hirtenamt im Sinne einer Nachfolge Christi in Armut und in der Fortsetzung des Predigens nach dem Vorbild der Apostel. Seine Hauptaufgabe bestand von Anfang an besonders in der Missions-, Prediger- und Bildungstätigkeit. Zum Prinzip vollkommener Armut bekannten sich vor allem die strengeren Ordenszweige, die ihre Existenz allein auf Stiftungen und Almosen aufbauten.

Der vom General geleitete Orden wird in Provinzen eingeteilt mit einem Provinzial an der Spitze. Eine kleinere Verwaltungseinheit sind die Kustodien, Vereinigungen mehrerer Klöster mit dem Kustos an der Spitze, jedes einzelne Kloster wird vom Guardian als Hausoberem geleitet. Der Orden hat Priester, Laienbrüder und Mitglieder des III. Ordens des hl. Franz, die sgn. Tertiaren, das sind Laien, die ihr Leben nach den franziskanischen Regeln ausrichten.

In Böhmen treten die Minoriten na-

hezu gleichzeitig mit den Dominikaner zuerst in Prag auf. Das erste Kloster für den weiblichen Zweig gründete die hl. Agnes von Böhmen in Jahre 1231, kurz danach ließen sich bei diesem auch männliche Mitglieder des Ordens nieder. Offenbar im Jahre 1232 entstand bei St. Jakob in Prag ein Minoritenkonvent, dann folgt bereits eine ganze Reihe von Klöstern in zahlreichen Städten Böhmens und Mährens: Leitmeritz (Litoměřice), Kaaden (Kadaň), Königgrätz (Hradec Králové), Mies (Stříbro), Beneschau (Benešov), Brüx (Most), Eger (Cheb), Bechin (Bechyně), Eule (Jílové u Prahy), Hohenmaut (Vysoké Mýto), Pilsen (Plzeň), Časlau (Čáslav), Beraun (Beroun), Taus (Domažlice),

Nový Bydžov, Neuhaus (Jindřichův Hradec), Horažďovice, Saatz (Žatec), Jung-Bunzlau (Mladá Boleslav), Krumau (Český Krumlov), Graupen (Krupka), Plan (Planá), in jüngerer Zeit Pardubitz (Pardubice), Kukleny u. a.; in Mähren: Olmütz (Olomouc), Brünn (Brno), Znaim (Znojmo), Iglau (Jihlava), Feldsberg (Valtice), Mährisch-Neustadt (Uničov); in Schleisen: Troppau (Opava), Jägerndorf (Krnov). In den Hussitenkriegen wurden zahlreiche Konvente zerstört und sind untergegangen, einige erneuerte gingen im 15. Jahrhundert zu den Franziskanern über, ein Teil wurde in den achtziger Jahren des 18. Jahrhunderts unter Josef II. aufgehoben. Eine geringe Anzahl von Klöstern blieb bis in die Gegenwart erhalten. Die Konvente in den Ländern Böhmens gehörten ursprünglich zur böhmisch-polnischen Provinz, die bis 1517, als sich die böhmische Provinz von ihr abzweigte bestand; seit 1822 die böhmisch-mährisch-schlesische Provinz, 1919 konstituierte sich die tschechoslowakische Ordensprovinz. Die böhmische Provinz war in jüngerer Zeit in vier Kustodien eingeteilt — in die Prager, Königgrätzer, Krumauer und Breslauer.

Wappen: in schwarzem (blauem, silbernem, goldenem) Feld goldenes (rotes, schwarzes) Kreuz mit Strahlen, die aus den Wolken hervorbrechen, zwei gekreuzte Arme (Jesu Christi und des hl. Franz) mit roten Wundmalen
Ordenstracht: ursprünglich aschgrauer, später schwarzer Habit mit Kapuze, weißer Strick und Rosenkranz
Jetzige Adresse:
Řád menších bratří — konventuálů minorité
Minoritská 1
602 00 Brno 1 — Město

Die Franziskaner

(Ordo Fratrum Minorum)
Regel des hl. Franziskus

Der Orden entwickelte sich im 15. Jahrhundert aus den strengeren Observanzen des Minoritenordens, der sich damals bereits als Franziskanerorden bezeichnete; 1517 nach Bestätigung durch Papst Leo X. wurde er ein selbständiger Orden.

Zu den Hauptaufgaben der Franziskaner gehören Seelsorge, missionarische Tätigkeit im Inland und in Übersee, Predigen, Veranstaltung von Exerzitien und von Volksmissionen. Die Spiritualität des Ordens besteht im gemeinsamen Leben und im intensiven Streben, möglichst getreu nach dem Evangelium zu leben in Bewahrung wirklicher Armut und des Gehorsams.

Der ganze Orden ist in zwölf Zirkumskriptionen eingeteilt, an seiner Spitze steht der General, dem die zwölf Generaldefinitoren der Zirkumskriptionen zur Seite stehen, kleinere Konvente heißen Residenz oder Hospiz und werden von einem Superior geleitet. Im Jahre 1897 wurden die vier selbständigen Observanzen des Ordens, die nach 1517 entstanden

sind, von Papst Leo XIII. zu einem einzigen Ganzen vereinigt. Der Orden hat Priester und Laienbrüder.

Die böhmisch-mährische Provinz des hl. Wenzel ist im Jahre 1467 durch Trennung von der österreichischen Provinz entstanden. Zu den ältesten Häusern aus der 2. Hälfte des 15. Jahrhunderts gehörten in Böhmen Pilsen, Prag-Neustadt bei St. Ambrosius, Eger, Tachau (Tachov), Kaaden (Kadaň), Neuhaus (Jindřichův Hradec), Bechin (Bechyně); in Mähren Olmütz (Olomouc), Brünn (Brno), Jemnitz (Jemnice), Znaim (Znojmo), Feldsberg (Valtice), Ungarisch-Hradisch (Uherské Hradiště), Troppau (Opava). Eine größere Zahl von Klöstern ist erst im 17. Jahrhundert entstanden, von denen der Konvent in Prag bei der Maria-Schnee-Kirche die größte Bedeutung hatte; weitere Konvente befanden sich in Wotitz (Votice), Turnau (Turnov), Slan (Slaný), Arnau (Hostinné), Haindorf (Hejnice); außerdem gab es eine Reihe kleinerer Häuser. In Mähren entstanden Konvente in Kremsier (Kroměříž), Datschitz (Dačice) und Mährisch Trübau (Moravská Třebová). Einige von diesen existierten bis in die Gegenwart.

Ordenstracht: brauner Habit mit Kapuze, umgürtet mit weißem Strick
Jetzige Adresse: Františkáni Jungmannovo náměstí 753/18 110 00 Praha 1-Nové Město

55

Die Hiberner

Franziskanerobservanten der Hiberner (irischen) Provinz Regel des hl. Franziskus

Unter Königin Elisabeth wurden die Franziskaner 1599 von den Protestanten aus Irland vertrieben und fanden Zuflucht im niederländischen Löwen. Sie errichteten hier ein Ordensstudium und einen Konvent, der Ausgangspunkt für ihre weitere Mission in Europa war. Im 17. Jahrhundert gründeten sie das Kolleg St. Isidor in Rom, das zum Zentrum des Neoscotismus wurde.

Nach Prag kamen die Hiberner im Jahre 1629 unter der Führung von P. Malachias Fullon. Mit Beihilfe des Erzbischofs Kardinal Harrach sowie weiterer Wohltäter gründeten sie ihren Konvent an der Stelle des ehemaligen Franziskanerklosters zu St. Ambrosius in der Neustadt.

In ihrem Kloster unterhielten die Hiberner ein Noviziat und eine Schule, die Brüder waren auch in der Seelsorge tätig. Aus dem Kloster gingen Missionarehervor, die nach Irland zurückkehrten. In der ersten Hälfte des 18. Jahrhunderts brachten sie von dort nach Prag eine unbekannte Feldfrucht — die Kartoffel.

Im Rahmen der Reformen Josefs II. wurde das Kloster 1786 aufgehoben.

Die Kapuziner

(Ordo Fratrum Minorum Capuccinorum)
Regel des hl. Franziskus

Der Orden wurde 1525 von P. Matthäus von Bassi als Zweig des Franziskanerordens gegründet und kurz darauf von Papst Klemens VII. als selbständiger Orden bestätigt. Es ist der nach den Minoriten und Franziskanern dritte und am meisten verbreitete Zweig des ursprünglichen Ordens des hl. Franz. Er breitete sich bald vor allem in Italien aus, dann auch in Westeuropa, 1761 zählte er 64 Provinzen mit einigen Zehntausend Brüdern.

Die Kapuziner, die streng die äußerste Armut beachten, legten von allem Anfang an großen Wert auf das Gebet, namentlich das kontemplative. In ihrem Wirken orientierten sie sich auf die Verkündigung des Evangeliums durch Predigten den breiten Volksschichten, auf die Seelsorge in Krankenhäusern, bei aus der normalen Gesellschaft ausgeschlossenen Menschen in Gefängnissen sowie auf die Volks- und Heidenmissionen. In neuerer Zeit hat der Orden seine eigenen Ausbildungsstätten — ein niederes Internat für Gymnasialstudenten und höhere Philosophie- und Theologiestudien in Holland und Frankreich.

Die Organisationsstruktur des Ordens ist ähnlich wie die der Minoriten und der Franziskaner. An der Spitze des Ordens steht der General, einer Provinz der Provinzial, den Konvent leitet der Guardian und einen kleineren Konvent der Superior. Zu den besonderen Amtsträgern der Kapuziner gehören der Vorgesetzte der seraphinischen Schule (für die Ausbildung des Ordensnachwuchses) und der Verwalter der Loreto-Gnadenstätte. Der Orden hat Priester und Laienbrüder und nahezu jeder Konvent auch Terziaren vom III. Orden des hl. Franz. Priester und Laienbrüder tragen gewöhnlich einen Vollbart, am Kopf hatten sie eine große Tonsur. Bis ins 18. Jahrhundert waren nur Ordensnamen in Gebrauch in Verbindung mit dem Namen des Geburtsortes.

Die böhmisch-mährische (seit 1925 tschechoslowakische) Provinz des hl. Laurentius von Brindisi, der als Kommissär der ersten Mission die Kapuziner in Böhmen einführte, ist 1599 als Kommissariat entstanden; 1618 hat sie sich zusammen mit den österreichischen Häusern selbständig gemacht und ist seit 1673 selbständig. Die ältesten Kapuzinerkonvente in Prag — das Kloster bei der Kirche Maria Königin der Engel auf dem Hradschin und das Kloster bei St. Josef in der Neustadt — existieren bis in die Gegenwart. Die Tätigkeit weiterer Konvente in Böhmen und Mähren war begrenzt, eine geringere Anzahl wurde unter Josef II. aufgehoben.

Seit dem 17. Jahrhundert existierten in Böhmen die Konvente in Budweis (České Budějovice), Raudnitz (Roudnice), Brüx (Most), Bischofteinitz (Horšovský Týn), Schüttenhofen (Sušice), Leitmeritz (Litoměřice), Chrudim, Falkenau (Sokolov), Kolín, Rumburg (Rumburk), Opočno, Saatz (Žatec), Reichstadt (Zákupy), Münchengrätz (Mnichovo Hradiště), in jüngerer Zeit Mělník, Böhmisch Brod (Český Brod) und Mariasorg (Mariánská); in Mähren Brünn (Brno), Nikolsburg (Mikulov), Olmütz (Olomouc), Wischau (Vyškov), Znaim (Znojmo), Iglau (Jihlava), Fulnek, Trebitsch (Třebíč) und in neuerer Zeit Gaya (Kyjov), Proßnitz (Prostějov) und Namiest (Náměšť n. Oslavou).

Wappen: in rotem Feld ragen aus dem Wolken zwei gekreuzte Arme mit roten Stigmata heraus, die rechte mit braunem Handschuh, die linke bloß; dahinter ein Goldenes Patriarchen Kreuz.

Ordenstracht: brauner Habit aus grobem Tuch mit typischer langer spitzer Kapuze (daher der Name Kapuziner), mit Strick und großem Rosenkranz gegürtet

Jetzige Adresse:
Řád menších bratří kapucínů
Náměstí Republiky 2
110 00 Praha 1-Nové Město

Die Augustiner Eremiten — Beschuhte Augustiner

(Ordo Fratrum S. Augustini)
Regel des hl. Augustinus

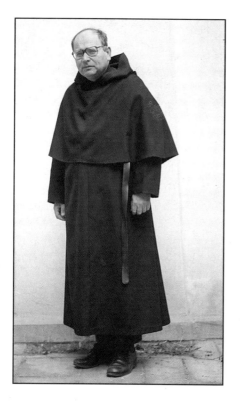

Der Orden ist auf Anregung von Papst Alexander IV. im Jahre 1256 durch Zusammenschluß verschiedener Eremitenkongregationen unter eine gemeinsame Regel und mit besonderen Statuten entstanden. Er gehört in die Gruppe der Bettelorden, die im 13. Jahrhundert in Italien entstanden sind und sich von dort rasch in Europa ausbreiteten. Eine der wichtigsten Quellen des neuen geistlichen Lebens der Brüder war der Konvent Santo Spirito in Florenz.

Die Hauptaufgabe der Augustiner war die Seelsorge, die sie vor allem in den Städten in inkorporierten Pfarreien innehatten. In ihren Klöstern entfalteten sie eine kulturelle sowie wissenschaftliche Tätigkeit, wichtig war auch die Arbeit der Brüder an Schulen.

Der vom General geleitete Orden ist in Provinzen mit dem Provinzial an der Spitze aufgeteilt, jeder Konvent hat als Oberen einen Prior, für wirtschaftliche Angelegenheiten ist jeweils der Prokurator zuständig, die Leitung der Kleriker ist dem Magister clericorum unterstellt, weitere Ämter sind von der Lehrtätigkeit an den Bildungsanstalten des Ordens abgeleitet. Die Ordensmitglieder werden eingeteilt in Priester, in Laienbrüder mit feierlichen Gelübden (die Konversen, conversi professi) und in Brüder ohne Gelübde (conversi oblati).

In Böhmen entstanden die ersten Augustinerkonvente seit der 2.Hälfte des 13. Jahrhunderts, seit 1299 gehörten diese der bayerischen Provinz an, eine selbständige böhmische Provinz besteht erst seit 1604. Zu den ältesten Häusern in unserem Land gehören Stockau (Pivoň), St. Benigna (Svatá Dobrotivá), Pšovka, Taus (Domažlice) und St. Thomas in Prag — Kleinseite, von wo aus Brüder zur Zeit Karls IV. auch Missionsreisen ins Ausland unternahmen. In jüngerer Zeit wurden die Klöster in Schüttenhofen (Sušice), Weißwasserunterm Bösig (Bělá pod Bezdězem), Senftenberg (Žamberk), Leitomischl (Litomyšl), Dolní Ročov, Prag-Neustadt- auf dem Bösig, in Böhmisch Leipa (Česká Lípa) und Hohenelbe (Vrchlabí); in Mähren sind dies seit dem 13. Jahrhundert die Konvente in Mariakron (Koruna), Brünn (Brno), Gewitsch (Jevíčko), Kromau (Moravský Krumlov) und Osvětimany. Eine Sonderstellung nahm das Brünner Kloster ein (das besonders durch den Gründer der Lehre von der Genetik, P. Gregor Johann Mendel bekannt ist), das sich unabhängig von den andern Klöstern entwickelte, einem Abt unterstellt ist und bis in die Gegenwart direkt dem Ordensgeneral unterstellt ist. Manche Konvente sind in den Hussitenkriegen eingegangen, andere wurden unter Josef II. aufgehoben, ein Teil existiert bis heute.

Wappen: in goldenem Feld rotes brennendes Herz auf einem mit schwarzem Band umwickelten Buch, das Herz ist mit einem Pfeil durchbohrt, der mit einem Hirtenstab gekreuzt ist

Wahlspruch: Tolle lege. Tolle lege.

Ordenstracht: schwarzer Habit mit schwarzem Ledergürtel und langer Kapuze. In einigen Konventen trugen die Mönche bis ins 18. Jahrhundert einen weißen Habit, der auch das Ordenskleid der Novizen ist.

Jetzige Adresse:
Řád sv. Augustina — provincie česká
Josefská 8/28
118 01 Praha 1-Malá Strana

61

Die Unbeschuhten Augustiner

(Ordo Augustiniensium Discalceatorum)
Regel des hl. Augustinus

Der Orden ist als Reformzweig der Augustiner Eremiten im Jahre 1533 in Spanien entstanden. Seine Mitglieder hatten eine ähnliche Mission wie die Beschuhten Augustiner, sie waren vor allem in der Seelsorge tätig und betreuten auch inkorporierte Pfarreien.

Der Orden der Unbeschuhten Augustiner ist ein selbständiger Orden, der in Kongregationen eingeteilt ist — in eine spanische, italienische und französische, die von Generalvikaren geleitet werden.

Die Konvente in den Ländern der böhmischen Krone gehörten der italienischen Kongregation an, und zwar ihrer österreichischen Provinz. Der älteste Konvent wurde 1623 in Prag in der Neustadt auf dem Zderaz-Hügel gegründet. In den Jahren 1626—1646 erbauten die Brüder hier eine neue Kirche und ein Kloster, die auf aufwendige Weise künstlerisch ausgestat-

tet waren, unter anderem mit einer Bilderfolge aus dem Leben des hl. Wenzel von Karel Škréta. Im Kloster waren im 18. Jahrhundert mehrere gelehrte Literaten und Künstler (Kupferstecher) tätig. Der Konvent auf dem Zderaz-Hügel wurde das Mutterhaus weiterer Klöster in Böhmen — Tábor, Deutsch-Brod (jetzt Havlíčkův Brod), Lissa a. d. Elbe (Lysá n. Labem), Schlüsselburg (Lnáře). In Mähren war eine Ordensniederlassung in Fratting (Vratěnín). Bereits 1630 wurde aus dem Prager Konvent das Kloster bei St. Augustin in Wien besetzt.

Ordenstracht: analog der Ordenskleidung der Augustiner Eremiten, zur Kleidung gehören Ledersandalen
Jetzige Adresse:
Řád bosých augustiniánů
Lnáře
Husovo náměstí 78
z. Z. 282 01 Český Brod

Die Beschuhten Karmeliter

(Ordo Fratrum B. V. Mariae de Monte Carmelo)

ben in Stillschweigen, Arbeit und Askese in ununterbrochenem Gebet, begründet in Meditation der Heiligen Schrift. Die Karmeliter waren vornehmlich in Städten, in der Seelsorge und in Missionsaufgaben tätig, sie zeichneten sich durch Interesse an der Kultur und an Religionswissenschaften aus.

Der Orden verdankt seinen Namen dem Berge Karmel, wo der Prophet Elias gelebt hat. Er ist in der 2. Hälfte des 12. Jahrhunderts aus einer Gruppe von Einsiedlern auf dem Karmel entstanden, die der Kreuzfahrer Berthold um sich sammelte. Im Jahre 1209 verfaßte der Patriarch von Jerusalem, der hl. Albert, für diese Einsiedlergemeinschaft eine Ordensregel, die Papst Honorius im Jahre 1226 bestätigte. Nach der Vertreibung vom Karmel durch die Sarazenen um 1240 ließ sich der Orden bald danach in England nieder und breitete sich rasch auch im übrigen Europa aus.

Nachdem sich der Orden in Europa niedergelassen hatte, nahm er in seiner äußeren Organisierung den Charakter eines Bettelordens an. Die älteste Ordensregel legt die wesentlichen Züge seiner Mission und seines Wirkens fest — die Hinwendung auf Gebet und Apostolat. Sie verpflichtet die Brüder, zum Gehorsam ihrem Ordensoberen gegenüber, zu unbedingter Armut und gemeinsamem Besitz, ein Eremitenle-

Der Ordensvorgesetzte ist der General, die Provinz leitet der Provinzial, den Konvent der Prior. Die Mitglieder des Ordens sind Priester und Laienbrüder, die sich der missionarischen Tätigket widmen und den III. Orden für Laien leiten.

Die Häuser der beschuhten Karmeliter in den böhmischen Kronländern gehörten der böhmisch-österreichischen Provinz an, die aus der oberdeutschen Provinz hervorgegangen ist. Das erste Karmeliterkloster in Böhmen gründete Karl IV. 1347 bei der Maria-Schnee-Kirche in Prag, weitere Klöster entstanden in Tachau (Tachov), in Chiesch (Chyše u Plzně), Rabstein (Rabštejn n. Střelou), in jüngerer Zeit in Prag bei St. Gallus. Seit Josef II. existierte bei uns kein Konvent mehr, erst 1908 wurde ein Kloster, eigentlich eine Residenz, in Kostelní Vydří gegründet, die bis heute besteht.

Wappen: in schwarzem (braunen) Feld silberne Kapuze, die Spitze des schwarzen Feldes läuft in ein von zwei schwarzen und einem silbernen Stern begleitetes Kreuz aus, über dem Schild eine goldene Krone mit einem ein brennendes Schwert haltenden Arm (der Arm des hl. Elias) unter der Krone acht goldene Sterne

Wahlspruch: Zelo zelatus sum pro Domino Deo exercitum

Ordenstracht: ursprünglich ungefärbter, später dunkelbrauner Habit mit Skapulier, schwarzer Lederriemen mit Rosenkranz, kleines braunes Mäntelchen mit spitzer Kapuze; bei feierlichen Anlässen weißer Mantel mit Kapuze

Jetzige Adresse: Řád bratří blahoslavené Panny Marie Karmelské
377 01 Kostelní Vydří 58

Die Unbeschuhten Karmeliter

(Ordo Fratrum Discalceatorum B. V. Mariae de Monte Carmelo)

Der Orden der unbeschuhten Karmeliter ist ein Reformzweig des ursprünglichen Karmeliterordens mit eigenen Konstitutionen. Die Reform führte die hl. Theresa von Avila im weiblichen Zweig des Ordens durch mit dem Ziel, zur verschärften ersten Regel im Ordensleben zurückzukehren. Unter Mithilfe des hl. Johannes vom Kreuz dehnte Theresa die Reform auch auf den männlichen Ordenszweig aus. Der erste reformierte Konvent der Karmeliter entstand in Duruelo in Spanien 1568, die Trennung der verschärften Observanz von den Mitbrüdern bestätigte Papst Klemens VIII. 1593. Seit dem Jahre 1600 bildeten die unbeschuhten Karmeliter zwei selbständige Kongregationen — die spanische und die italienische, die 1875 wieder vereinigt wurden mit einem Generalpropst an der Spitze. Die übrige Ordensorganisierung ist die gleiche wie bei den beschuhten Karmeltern.

Die Rückkehr zur ersten Ordensregel bedeutete eine strengere Lebensführung in den reformierten Klöstern, vor allem im Sinne des ursprünglichen Einsiedlerlebens. Jeder der Brüder hatte seine Zelle, nach dem Vorbild der hl. Theresa wurden in den Klostergärten und in der Umgebung des Konvents Klausen errichtet, in die sich die Brüder zur Erneuerung des eremitischen Geistes de Kontemplation zurückzogen. Außerdem existieren im Orden mehrere Häuser — Eremien, in denen die ganze Kommunität ein ähnliches Leben führt. Diese Klöster charakterisiert: eine strenge Klausur, immerwährendes Schweigen, feierliches Erleben der Liturgie, mehr Raum für das Gebet, strenges Fasten, mehr körperliche Arbeit.

Die Anfänge der unbeschuhten Karmeliter in Böhmen sind mit der Person des Paters Dominikus Ruzzola verbunden, der sich dafür einsetzte, daß der reformierte Zweig der Karmeliter von Spanien über Italien und Österreich nach Prag kam. Er erhielt für seine Brüder die Kirche Sta Maria de Victoria auf der Kleinseite, wo 1624 ein Kloster gegründet wurde. Im Jahre 1628 schenkte Polyxena von Lobkowicz diesem Kloster ein Figürchen des Jesuskindes — das berühmte Prager Jesulein. Fast gleichzeitig entstand der Konvent in Jungbunzlau (Mladá Boleslav) und bis in die Zeit der josefinischen Reformen existierte der später gegründete Konvent in Pacov.

66

Ordenstracht: die Ordenstracht ist die gleiche wie bei den beschuhten Karmelitern, nur die Laienbrüder tragen anstatt des weißen einen braunen Mantel ohne Kapuze

Jetzige Adresse: Řád bosých bratří Panny Marie z hory Karmel Klášter Sv. Kříže Horní Lomná 45 739 82 Dolní Lomná

Die Trinitarier

(Ordo Sanctissimae Trinitatis)
Regel des hl. Augustinus

Der Orden wurde von den hl. Johannes von Matha und Felix von Valois im Jahre 1198 im Kloster zu Cerfroid in Frankreich gegründet und erhielt bald von Papst Honorius III. die Approbation. Ursprünglich gehörten die Trinitarier zu den regulierten Chorherren, erst zu Beginn des 17. Jahrhunderts wurden sie in einen Bettelorden umgewandelt. Der Orden hatte einen beschuhten und einen unbeschuhten Zweig, welcher letztere aus einer Reform hervorgegangen war und dessen wichtigste Kongregation die spanische Kongregation war, die 1596 von P. Johannes Bapt. de la Concepción gegründet und 1631 von Papst Urban VI. als selbständiger Orden mit einem eigenen General bestätigt wurde.

Die Trinitarier leben nach der vom hl. Johannes von Matha abgeänderten Augustinerregel, der reformierte Zweig hat auch eigene Statuten. Ihre vorrangige Mission war die humanitäre Tätigkeit zur Milderung der Folgen von Kriegszügen und die Hilfe ihren Opfern, besonders bei der Befreiung christlicher Gefangener und Sklaven, dies auch um den Preis des Verlustes der eigenen Freiheit. In jüngerer Zeit helfen die Mönche in der Seelsorge aus (ihre Kirchen sind meistens der Allerheiligsten Dreifaltigkeit geweiht), sie sind in der Mission auch bei heidnischen Völkern tätig und unterstützen durch ihre Sammlungen die Erziehung v.a. der schwarzen Bevölkerung.

Der Orden wird vom General geleitet, er ist in Provinzen aufgeteilt, denen der Provinzial und der Vikar vorstehen. Die einzelnen Häuser, die als Konvent oder Kolleg bezeichnet werden, haben an ihrer Spitze den Minister. Der Orden gliedert sich in Priester und Laienbrüder (analog auch die Novizen), auch der III. Orden für Laien ist bei den Konventen eingeführt. Weitere Funktionen stehen in Zusammenhang mit der Verwaltung des Hauses und mit der Lehrtätigkeit an hauseigenen Anstalten; der Ordensnahme ist eingeführt.

In den Ländern Böhmens war der reformierte Zweig der Trinitarier Barfüßer tätig, der in jüngerer Zeit zur österreichisch ungarischen Provinz des hl. Josef gehört, die 1783 aufgehoben und als österreichische Provinz im Jahre 1900 erneuert wurde. Die Ordenhäuser bestanden nur im 18. Jahrhundert, und zwar in Prag bei der Dreifaltigkeitskirche in der Spálená Straße und in Štěnovice bei Pilsen; in Mähren waren die Trinitarier in Holleschau (Holešov) und in Zašová. Markanter setzte sich der Orden in Österreich und in Ungarn durch.

Wappen: in silbernem Feld blaurotes Kreuz

Ordenstracht: weißer Habit mit Skapulier und Kapuze, an der Brust Ordenswappen

Die Serviten

(Ordo Servorum Mariae)
Regel des hl. Augustinus

Der Orden der Diener Mariae, die Serviten, wurde 1233 von sieben Florentiner Kaufleuten gegründet, die sich in die Einsamkeit auf dem Berg Monte Senario zurückzogen. Er gründete seine Existenz auf Almosen und wird daher zu den Bettelorden gezählt. Im Jahre 1249 erreichten die Gründer die erste Approbation durch den Apostolischen Stuhl, die Papst Alexander IV. 1255 feierlich wiederholte. Der Orden breitete sich allmählich über ganz Europa aus und drang früh auch in Indien ein.

Die Ordensspiritualität wird markant vom Marienkult geprägt. Zu den Hauptaufgaben der Brüder gehört die Verbreitung der Marienverehrung und alles, was mit dem Ordensleben zusammenhängt — Seelsorgedienst in den Pfarreien, Lehrtätigkeit in Schulen, Arbeit in Krankenhäusern, in Übersee-Missionen u. ä. Der Orden hat inkorporierte Pfarreien und führt die Seelsorge an zahlreichen Wallfahrtsorten.

Die einzelnen Klöster heißen Prio-rate, sie schließen sich zu Provinzen zusammen mit dem Provinzialprior an der Spitze, dem gesamten Orden steht der Generalprior vor. Der Orden gliedert sich in Priester und Laienbrüder; der Ordensnamen ist eingeführt. Seit 1305 hat der Orden auch einen weiblichen Zweig, die Mantellaten.

In den Ländern Böhmens existierten zwischen 1360 und 1883 im ganzen acht Klöster, die zur böhmischen Ordensprovinz gehörten; leztere entstand 1714 durch Loslösung von der deutschen Provinz und wurde 1883 aufgehoben. Die böhmische Provinz hatte außer dem Konvent in Gratzen (Nové Hrady) zwei Klöster in Prag (bei der Kirche Mariä Verkündigung „Na Slupi" oder „Auf dem Rasen" und bei der Michaelskirche in der Altstadt), ferner die Konvente in Rabstein (Rabštejn n. Střelou), auf dem Marienberg bei Grulich (Králíky) und in Konojedy; in Mähren dann in Jarmeritz (Jaroměřice n. Rokytnou) und in Veselí a. d. March.

Wappen: in blauem Feld silberne oder goldene Initialen M, in deren mitte ein S eingeschrieben ist, über dem M silberne Krone, aus der sieben Lilien wachsen

Ordenstracht: schwarzer Habit mit Lederriemen gegürtet, schwarzes Skapulier und schwarze Kapuze

Jetzige Adresse:
Řád služebníků P. Marie (Servité)
373 33 Nové Hrady

69

Die Paulaner

(Ordo Minimorum)

Den Orden gründete im Jahre 1435 der hl. Franz von Paula (Paola in Kalabrien) aus einer freien Vereinigung von Eremiten, die sich selber Mindeste Brüder nannten (zum Unterschied von den Minderbrüdern, den Minoriten). Im Jahre 1474 wurde der Orden vom Apostolischen Stuhl approbiert und 1506 bestätigte Papst Julius II. die vom hl. Franz verfaßte Regel. Der Orden breitete sich rasch in Europa aus, nach dem Tod seines Stifters im Jahre 1507 zählte er schon an die 31 Provinzen mit 450 Klöstern.

Die äußerst strenge Ordensregel auferlegte den Mönchen stetes Fasten, Armut, Stillschweigen und beständige Übungen in der Demut. Durch ihr Leben in strenger Askese wollten sie ihrer Umgebung ein Vorbild geben, der Wahlspruch des Ordens „Caritas" drückt ihre Beziehung zu Gott und dem Nächsten aus. Die Paulaner befaßten sich mit Unterricht und wissenschaftlicher Tätigkeit und hatten in ihrem Orden hervorragende Gelehrte, in der böhmischen Provinz z. B. den slawischen Sprachforscher V. F. Durych oder den Literarhistoriker F. F. Procházka. Erwähnung verdient, daß ein Ordensmitglied, der Priester P. Bernhard Bugil, als erster christlicher Missionar amerikanischen Boden als Teilnehmer an der Expedition des Christoph Kolumbus betrat.

An der Spitze des Ordens steht der Corrector generalis, die Provinz leitet der Corrector provinciae, den einzelnen Konvent jeweils ein Corrector. Der Orden hat Priester und Laienbrüder und neben dem II. Orden der Schwestern auch sogenannte „Oblaten" (oblatae) in der Art des III. Ordens, die Aufgaben außerhalb des Klosters erfüllen. Die Mönche legten neben den drei üblichen Gelübden noch ein viertes Gelübde ab, nämlich das des steten strengen Fastens.

Die Paulanerkonvente der böhmischen Länder bildeten eine selbständige Subprovinz, die der deutschen Provinz einverleibt war. Die ältesten Klöster sind in Südböhmen bereits an der Wende vom 15. zum 16. Jahrhundert entstanden, nämlich Kugelweit (Kuglvajt) bei Krumau und Kloster bei Neu-Bistritz (Klášter u Nové Bystřice), im 16. Jahrhundert kam Těsnovice hinzu, im 17. Jahrhunder der Konvent bei der Salvatorkirche in Prag, ferner Tachau (Tachov) und Neu-Paka (Nová Paka); in Mähren hatten die Paulaner Klöster in Pirnitz (Brtnice), Wranau (Vranov u Brna) und in Mořice. Alle Paulanerkonvente wurden unter Josef II. aufgehoben.

Wappen: in blauem Feld in Goldbuchstaben das Wort CARITAS im Strahlenkranz

Ordenstracht: ursprünglich ungefärbter (bei uns schwarzer) Habit mit großer Kapuze und schwarzes Zingulum mit fünf Knoten

Die Pauliner

(Ordo Fratrum S. Pauli Primi Eremitae)
Regel des hl. Augustinus

Der Orden wurde 1225 vom Domherrn Eusebius von Gran unweit von Gran gegründet und nach dem ersten Einsiedler, dem hl. Paulus von Theben, benannt. Im Jahre 1308 erhielt er die päpstliche Approbation. Der ursprünglich ungarische Orden breitete sich rasch in Europa aus und bildete fünf Ordensprovinzen: Ungarn, Deutschland, Istrien, Polen und Schweden.

Hauptaufgabe des Ordens war der Unterricht in Schulen und die Seelsorge.

Der oberste Vorgesetzte ist der Generalprior, die Provinzen sind dem Provinzialprior und die Konvente dem Prior mit einem Vikar unterstellt. Alle Konventualen heißen Fratres professi, der Orden hat Priester und Laienbrüder.

In den Ländern Böhmens, die bis zum Jahre 1701 zur österreichischen Provinz gehörten und sich in diesem Jahr aus ihr herauslösten und eine selbständige Provinz bildeten, sind nur zwei größere Konvente entstanden, nämlich Obořiště, 1679 von Thomas Pešina von Čechorod gegründet, 1786 aufgehoben; in Mähren das Kloster in Kromau (Moravský Krumlov). Ältere Häuser bestanden in Stará Pila (Bezirk Tábor), in Vorder-Heuraffl (Přední Výtoň) bei Krummau (Český Krumlov) und kleinere Klausen in der Umgebung von Rumburg (Rumburk), die das 16. Jahrhundert nicht überlebten.

Wappen: im Wappen der hl. Paulus Eremita

Ordenstracht: weißer Habit mit Zingulum, Skapulier und Kapuze

Die Barmherzigen Brüder

(Ordo Hospitalarius S. Joannis de Deo)
Regel des hl. Augustinus

Der Orden wurde vom hl. Johannes von Gott im Jahre 1537 in Granada in Spanien gegründet; die päpstliche Approbation erlangte er 1572 unter Pius V. Ursprünglich hatte der Orden zwei selbständige Kongregationen — eine spanische und eine italienische, die 1878 in eine einzige vereinigt wurden.

Hauptmission des Ordens wurde eine breit angelegte Krankenpflege (das Gelübde, sich der Krankenpflege zu widmen, wurde als viertes Ordensgelübde eingeführt). Bei den Barmherzigen Brüdern wurde offenbar am konsequentesten von allen Ordensanstalten die Pflicht durchgesetzt, Kranke, Gebrechliche und Alte zu pflegen, und zwar in eigenen Spitälern. Krankenhäuser wurden daher abenso wie Apotheken Bestandteil aller Konvente. Auf die Krankenpflege war daher auch die fachliche Sanitätsausbildung der Ordensbrüder orientiert, die häufig Pharmazeuten, Ärzte und diplomierte Krankenpfleger sind und in den verschiedensten Sanitätseinrichtungen, auch speziellen Charakters

(Laboratorium u. ä.) tätig sind. Das Ordensmitglied Fr. Cölestin Opitz führte 1847 im Krankenhaus beim Prager Konvent eine Operation bei Narkose, die erste ihrer Art auf dem Gebiet der österreichischen Monarchie, durch.

An der Spitze des Ordens steht der Generalprior mit drei Generaldefinitoren und dem Generalsekretär. Der Orden ist in Provinzen eingeteilt, der Hauptkonvent jeder Provinz heißt der Metropolitankonvent und wird vom Prior des Metroplitankonvents geleitet. Weiter Ämter in einer Provinz oder einem Konvent sind die Funktion des Sekretärs, des Definitors, des Subpriors, des Ökonoms, des Almosensammlers u. a. Der Orden hat Priester und Laienbrüder, diese sind in absoluter Mehrzahl und können auch das Amt des Priors ausüben, die Priester haben die Funktion des Krankenspirituals inne; bei den Konventen wirken auch Oblaten des III. Ordens.

Die Konvente in den Ländern der böhmischen Krone gehörten der österreichisch-böhmischen Provinz des hl. Michael an, nach 1919 ist die selbständige tschechoslowakische Provinz entstanden (1941 von den Nazis aufgehoben). Der bedeutsamste und älteste Konvent (Metropolitankonvent) in Böhmen ist der Konvent bei der Kirche der Hll. Simon und Juda in der Altstadt in Prag, der seit 1620 besteht; weitere Konvente sind in Neustadt

a. d. Mettau (Nové Město n. Metují), in Kukus (Kuks) und ein kleineres Haus in der Prager Neustadt entstanden; in Mähren in Feldsberg (Valtice), Proßnitz (Prostějov), Alt-Brünn, Letowitz (Letovice) und Wisowitz (Vizovice). Nach 1945 verwaltete die Provinz sieben Krankenhäuser, zwei Armenhäuser und ein Asyl für Epileptiker.

Wappen: in blauem Feld goldener Granatapfel aus ihm heraus ein Kreuz über dem ein sechszackiger Stern ist

Wahlspruch: Per corpus ad animam

Ordenstracht: schwarzer Habit mit Skapulier, Ledergürtel und kleiner Kapuze

Jetzige Adresse: Hospitálský řád sv. Jana z Boha (Milosrdní bratři) Vídeňská 7 639 00 Brno

74

Die Theatiner — Kajetaner

(Ordo Clericorum Regularium vulgo Theatinorum)

Der Orden wurde 1524 in Rom gegründet. Den Namen Theatiner oder Kajetaner leitet er von seinen Gründern ab, Gian Pietro Caraffa, dem Bischof von Chieti, und dem hl. Kajetan. Gian Pietro Caraffa, der erste Ordensobere und spätere Papst Paul IV., ist Verfasser der Ordensstatuten. Neben Italien breitete sich der Orden auch in Spanien, Deutschland und in Polen aus.

Die Ordensmitglieder sind regulierte Kleriker, deren Hauptmission die Jugenderziehung ist. Die Ordensbrüder sind vornehmlich in Schulen, in der Seelsorge, sowie in Krankenhäusern tätig.

Ordensoberer ist der Generalpropst, die einzelnen Häuser sind Kollegien und werden vom Propst geleitet.

In den Ländern Böhmens existierte nur eine Niederlassung, nämlich das Kolleg in Prag, das der Oberstburggraf Bernhard Ignaz von Martinitz 1666 gründete. Es befand sich zuerst hinter dem Strahover Tor, 1680 übersiedelten die Theatiner auf die Burg und von dort 1648 auf die Kleinseite. Das Kolleg wurde 1789 aufgehoben. (Kirche der Immerhilfreichen Jungfrau Maria und des hl. Kajetan)

Wappen: in goldenem Feld hohes schwarzes Kreuz auf einem Dreiergipfel

Ordenstracht: schwarzer Talar der weltlichen Kleriker

Die Barnabiten

(Congregatio Clericorum Regularium S. Pauli)

Der Orden wurde 1530 in Mailand gegründet. Seine Gründer waren der hl. Antonius Maria Zaccaria, Bartolommeo Ferrari und Giacomo Morigia. Im Jahre 1533 wurde der Orden vom Heiligen Stuhl bestätigt.

Die Ordensmitglieder sind regulierte Kleriker, die nach der vom hl. A. M. Zaccaria verfaßten Regel leben. Sie widmen sich vornehmlich der Seelsorge in inkorporierten Pfarreien.

Höchster Oberer ist der Generalpropst, die Häuser sind Kollegien und werden von Propst geleitet, die Mitglieder tragen Ordensamen.

In den böhmischen Ländern existierte nur ein einziges Kolleg, nämlich das von Ferdinand II. 1627 bei der Kirche des hl. Benedikt auf dem Hradschin gegründete, das 1786 aufgehoben wurde.

Wappen: in rotem Feld goldenes Kreuz auf goldenem Dreiergipfel, an den Seiten goldene Buchstaben P. A. (Paulus Apostolus)

Ordenstracht: schwarzer Talar der weltlichen Kleriker

Die Jesuiten — Die Gesellschaft Jesu

(Societas Jesu)

Der Orden wurde 1534 in Paris vom hl. Ignatius von Loyola gestiftet. Seine ersten Mitglieder verpflichteten sich zum Gelübde der Armut und zu absolutem Gehorsam gegenüber dem römischen Papst, der den neuen Orden 1540 bestätigte. Nach dem Tod des hl. Ignatius (+ 1556) approbierte der Heilige Stuhl auch die Ordenskonstitutionen (Constitutiones SJ), an denen Ignatius zehn Jahre gearbeitet hatte. Der Orden breitete sich sehr rasch in Europa aus. Er wurde durch seine Konsequenz schließlich einer Reihe erstrangiger europäischer Herrscher unbequem, auf deren Drängen Papst Klemens XIV. den Orden im Jahre 1773 auflöste. Die Jesuiten überlebten nur in Rußland und in Preußen, wo der Orden offiziell im Jahre 1801 neuerlich bestätigt wurde, 1814 wurde er für den ganzen Erdkreis erneuert. Die Jesuiten sind ein Orden regulierter Kleriker. Die eigentliche Grundlage Priester bilden, die neben den üblichen Gelübden der Armut, der Keuschheit und des Gehorsams

noch ein viertes Gelübde des absoluten Gehorsams gegenüber dem Heiligen Vater ablegen. Die Spiritualität des Ordens fußt in den geistlichen Übungen des hl. Ignatius, deren Grundlage die wahre Erkenntnis Gottes und der eigenen Person ist. Das Apostolat der Gesellschaft Jesu ist begründet auf einer gründlichen, psychologisch fundierten Erkenntnis aller jener, die das Apostolat angeht. Im Orden ist kein gemeinsames Chorgebet eingeführt, Akzent wird auf persönliche Frömmigkeit gelegt. Zweck der langjährigen Ausbildung zur Arbeit im Orden ist die absolute Disponibilität — die Verfügbarkeit zujeder Zeit, an jedem Ort und auf jede Art.

Die Gesellschaft Jesu ist in vielen Bereichen tätig. Von seinen Anfängen an widmete sich der Orden vor allem dem Unterricht an Schulen aller Stufen, seine Mitglieder arbeiten als Missionäre, halten Exerzitien ab und predigen, helfen in der Seelsorge aus oder betreuen eigene Pfarreien. Das Wirken der Jesuiten zur Zeit der Gegenreformation hat das Antlitz der europäischen Barock-Kultur markant geprägt, dies nahezu in allen ihren Bereichen — in Literatur, bildender Kunst und Musik, die im Dienst der Gegenreformation zu einem wirksamen Mittel wurden. Hervorragende Ergebnisse erzielten die Jesuiten auch in verschiedenen Fachbereichen und in der wissenschaftlichen Arbeit. Berühmtheit er-

77

langten schon im 17. Jahrhundert die wissenschaftlichen Arbeitsstellen der sich entfaltenden Geschichtsschreibung in Paris (das Collegium Claromontanum) und in Antwerpen, wo die Bollandisten mit der Ausgabe der ersten kritisch bearbeiteten Sammlung der Heiligenleben, den Acta sanctorum, begannen. In Böhmen steht in dieser Beziehung im Vordergrund das imposante historische Werk des Jesuiten Bohuslav Balbín. In neuster Zeit sind die Jesuiten wieder tätig besonders bei der Verteidigung des Glaubens, im Kampf gegen den Atheismus, in der Reinheit der Lehre, in der Ökumene, in der Verteidigung von Recht und Gerechtigkeit auch auf sozialem Gebiet.

Nach seiner Ausbreitung in Europa gliederte sich die Gesellschaft Jesu in sechs Assistenzen, diese wiederum in Provinzen. An der Spitze des Ordens steht der General, die Provinz leitet der Provinzial, die Aufsicht über die Missionen obliegt dem Superior missionum. Die Gesellschaft hat mehrere Gruppen von Mitgliedern mit zweijährigem Noviziat — in der Mehrzahl sind die Priester (coadjutores spirituales), im Orden sind auch Laienmitglieder zu deren Dienst (coadjutores temporales); Ordensnamen sind nicht eingeführt. Eine größere Anzahl weiterer Ämter hängt mit der Verwaltung einzelner Studienhäuser und mit dem Unterricht in Jesuitenschulen zusammen. Der Orden besitzt verschiedene Arten von Häusern — Seminare zum Studium und zur geistlichen Ausbildung der eigenen Mitglieder der Gesellschaft, Profeßhäuser, Kollegien (Alumnate, bestimmt zur Erziehung der Jugend, Universitäten,kleinere Seminare), Residenzen, Exerzitienhäuser, Missionshäuser. Die Vorgesetzten einzelner Häuser haben folgende Titel: Praepositus domus professae, Rektor, Superior; weitere wichtige Funktionen üben aus: der Prokurator (für wirtschaftliche Angelegenheiten), an den Universitäten der Rektor, die Räte, der Kanzler, der Sekretär u.a.

In die Länder der böhmischen Krone kamen die Jesuiten im Jahre 1556, ihre erste Niederlassung war in Prag (Klementinum), noch während des 16. Jahrhunderts entstanden weitere Ordenshäuser: in Pilsen (Plzeň), Wittingau (Třeboň), Forbes (Borovany), Krumau (Český Krumlov), Grapen (Krupka), Komotau (Chomutov) und in Neuhaus (Jindřichův Hradec); in Mähren in Olmütz (Olomouc) und in Brünn (Brno). Sie gehörten der österreichischen Provinz an, die 1551 vom hl. Petrus Canisius gegründet worden war; 1623 schieden sie aus der österreichischen Provinz aus und wurden eine selbständige böhmische Provinz. Im 17. Jahrhundert kamen folgende Kollegien und Residenzen hinzu: Mariaschein (Bohosudov), Tuchoměřice, Gitschin (Jičín), Prag-Kleinseite, Kuttenberg (Kutná Hora), Římov, Opařany, Eger (Cheb), Prag-Neustadt, Leitmeritz (Litoměřice), Žampach, Auscha (Úštěk), Königgrätz (Hradec Králové), Klattau (Klatovy), Březnice, Žíreč, Schatzlar (Žacléř) u. a. In Mähren Iglau (Jihlava), Znaim (Znojmo), Kremsier (Kroměříž), Ungarisch-Hradisch (Uherské Hradiště) u. a. Ins Schlesien z. B. Troppau (Opava). Nach Wierherstellung der Gesellschaft Jesu kehrten die Jesuiten 1853 zuerst nach Mariaschein (Bohosudov) zurück, später nach Prag zu St. Ignatius, dann auf den Hostein, nach Velehrad und nach Königgrätz (Hradec Králové). Im Jahre 1919 entstand die tschechoslowakische Vizeprovinz, die

noch weitere Ordenshäuser, einschließlich der schlesischen, umfaßte. Bis zum Jahre 1950 lehrten die Jesuiten an Gymnasien in Mariaschein, Brünn, Tetschen (Děčín), Velehrad, am Philosophischen Institut in Tetschen und in den Residenzen auf dem Hostein und in Königgrätz.

Wappen: in blauem (roten) Feld Monogramm des Namens Jesu IHS mit einem Kreuz über und drei Nägeln unter dem mittleren Buchstaben das alles in Flammenaureole

Wahlspruch: Omnia ad maiorem Dei gloriam

Ordenstracht: schwarzer Talar mit breitem Zingulum, Birett (im Prinzip die Kleidung spanischer weltliche Priester des 16. Jahrhunderts); das Ordenskleid paßt sich den Gebräuchen der Diözesanpriester an

Jetzige Adresse: Tovaryšstvo Ježíšovo Ječná 2
120 00 Praha 2 — Nové Město

Die Piaristen

(Ordo Clericorum regularium Pauperum Matris Dei Scholarum Piarum)

Der Orden entwickelte sich aus der Schulbruderschaft des hl. Josef von Calasanza, die in Rom seit dem Jahre 1597 tätig war und seit 1612 hier ein eigenes Haus besaß. Ihre Gemeinschaft wurde 1617 von Papst Paul V. als „Kongregation der armen frommen Schulen" approbiert; 1621 bestätigte Papst Gregor XV. die vom Stifter verfaßten Ordenskonstitutionen. Im 17. und 18. Jahrhundert breitete sich der Orden in Mitteleuropa aus. Nach staatlichen Schulrefomen und einer Hemmung des Ordens in diesem Bereich wandte er seine Aufmerksamkeit im 19. Jahrhundert auf die Länder Mittel-und Südamerikas, in jüngster Zeit wirkt er auch in Afrika usw.

Die Ordensmitglieder sind regulierte Kleriker, ihre Hauptmission war neben öffentlicher Wohltätigkeit der Unterricht der Jugend an Schulen aller Stufen. Die Piaristen gründeten bei den meisten Konventen philosophische Lehranstalten, Gymnasien, Realschulen, Haupt-und Volksschulen, in denen sie tausende von Schülern erzogen, von denen sich viele in bedeutender Weise in die Geschichte der Wissenschaft und Kultur Böhmens einschrieben. Die Piaristen widmeten als Pädagogen große Aufmerksamkeit den Naturwissenschaften und der Technik, doch auch dem Studium der Sprachen und der Geschichte sowie weiteren Fachbereichen, in denen sie hervorragende Ergebnisse erzielten. Durch ihre Gelehrsamkeit beeinflußten sie markant den Prozeß unserer nationalen Erneuerung und wurden zu Bahnbrechern in einer Reihe wissenschaftlicher Disziplinen. Im 18. Jahrhundert gingen aus den Reihen der Piaristen einige außerordentliche Persönlichkeiten hervor, unter ihnen z. B. Gelasius Dobner, der erste Herausgeber der bekannten Chronik des Václav Hájek von Libočan und Begründer der kritischen Geschichtswissenschaft; Nikolaus Voigt, der Begründer der wissenschaftlichen Numismatik; Josef Franz Schaller, Verfasser einer Topographie Böhmens in 16 Bänden und einer Beschreibung der Stadt Prag in vier Bänden. Die größte Bedeutung erreichten die Schulen der Piaristen in Prag, Leitomischl (Litomyšl), Kremsier (Kroměříž) und in Nikolsburg (Mikulov).

Der Orden ist territorial in Provinzen gegliedert. Der höchste Ordensobere ist der General, die einzelnen Provinzen stehen unter der Leitung eines Provinzials mit einem Sekretär und einem Provinzdikasterium. Die

Häuser der Piaristen heißen Kollegien, denen der Rektor vorsteht, kleinere Niederlassungen, Residenzen, haben einen Superior an der Spitze.

Die Piaristenkollegien in den böhmischen Ländern waren nach den italienischen die ältesten, sie gehörten anfangs zur sgn. deutschen Provinz, die 1634 gegründet worden war und auch Polen, Ungarn und Österreich umfaßte. Seit 1751 besteht eine selbständige böhmische Ordensprovinz.

Zu den ältesten böhmischen Konventen aus dem 17. Jahrhundert zählen Leitomischl (Litomyšl) (gegr. 1640), Slan (Slaný) Schlackenwert (Ostrov n. Ohří), Kosmonosy, im 18. Jahrhundert kamen hinzu Beneschau (Benešov), Reichenau (Rychnov n. Kněžnou), Prag-Altstadt, Prag-Neustadt, Brandeis a. d. Elbe (Brandýs n. Labem), Budweis (České Budějovice), Haida (Nový Bor), Brüx (Most), Beraun (Beroun), Douppau (Doupov), Jungbunzlau (Mladá Boleslav), im 19. Jahrhundert dann Kaaden (Kadaň), Rakonitz (Rakovník), Reichenberg (Liberec) und Nepomuk. Die ältesten Kollegien in Mähren waren Nikolsburg (Mikulov), gegründet 1631, Strážnice, Leipnik (Lipník n. Bečvou), Kromau (Moravský Krumlov), Kremsier (Kroměříž), Altwasser (Stará Voda), Freiberg (Příbor), im 18. Jahrhundert wurden die Residenzen in Auspitz (Hustopeče) und in Gaya (Kyjov) sowie das Kolleg in Mährisch Trübau (Moravská Třebová), und anfangs des 19. Jahrhunderts das Kolleg in Brünn (Brno) gegründet. In Schlesien unterhielten die Piaristen Kollegien in Weißwasser (Bílá Voda) und in Freudental (Bruntál). Im 19. Jahrhundert ist eine Reihe von Kollegien und deren Schulen untergegangen, nur eine geringe Anzahl war bis 1950 tätig.

Wappen: in rotem Feld das goldene Monogramm MA (Maria), darüber Krone mit sie durchdringendem Kreuz, unter dem monogramm die griechischen Buchstaben MP OY, mit drei Sternen und von einer Flammenaurele umgeben

Wahlspruch: Ad maius pietatis incrementum

Ordenstracht: schwarzer Talar mit schwarzem Zingulum, bis vor kurzem auch weißes Piaristentüchlein und kurzes Mäntelchen

Jetzige Adresse: Piaristé
Olbrachtova 44
250 01 Brandýs nad Labem

MÄNNERKONGREGATIONEN
UND RELIGIÖSE GEMEINSCHAFTEN

Die Oratorianer

(Confoederatio Oratoris S. Philippi Neri)

Die Gemeinschaft wurde 1564 vom hl. Philipp Neri gegründet, die Regeln ihres Ordenslebens approbierte 1575 Papst Gregor XIII. Im Jahre 1612 wurde die Gemeinschaft in eine Kongregation umgewandelt, die ihren ersten Konvent bei der Kirche Sta Maria in Vallicella errichtete; 1942 wieder in eine Konföderation umgestaltet. Hauptziel der Konföderation ist die Arbeit in der Seelsorge.

Die Konföderation besteht aus einzelenen, voneinander unabhängigen Ordenshäusern, den Oratorien. Das Oratorium steht unter der Leitung eines Propstes, im Rahmen eines Konvents wirken ferner ein Sacerdos a confessionibus, ein Korrektor, ein Minister, ein Praefectus sacrarii, ein Custos sacrarii, ein Praefectus oratorii et auditor, darüber hinaus gibt es weitere Funktionen, die mit der Ausübung der Seelsorge und mit dem Gang des Konvents verbuden sind.

In Böhmen wirkte kurzfristig nur ein einziges Oratorium, nämlich von 1705—1711 bei der Kirche Johannes d. Täufers in Vysoká bei Malešov.

Die Bartholomiten

Die Gemeinschaft wurde vom Weltpriester Bartholomäus Holzhauser um 1640 gegründet. Es war eine Weltpriestervereinigung, deren Mitglieder sich verpflichteten, ein Leben nach den Regeln des Ordenslebens zu führen. Der älteste Konvent, zu dem auch ein Seminar gehörte, entstand 1642 bei der Blasiuskirche in Salzburg, ein zweiter Konvent wurde auf Empfehlung des päpstlichen Nuntius in Wien im Jahre 1705 in Prag gegründet, der 1782 aufgehoben wurde. Die Bartholomiten waren vor allem in der Seelsorge tätig, bei uns beispielsweise in Žitenice und in Cerekev.

84

Die Redemptoristen — Kongregation vom hlst. Erlöser

(Congregatio Sanctissimi Redemptoris)

Die Gemeinschaft wurde 1732 vom hl. Alfons Maria von Liguori, einem süditalienischen Adeligen, in Scala bei Amalfi in Süditalien gegründet und 1749 von Papst Benedikt XIV. bestätigt. In den ersten Jahrzehnten ihrer Existenz hatte die Kongregation zahlreiche Versuche zu überwinden, die auf ihre Zerschlagung hinzielten, doch bald nahm sie auch Nichtitaliener als Mitglieder auf; zu den ersten gehörten in den achtziger Jahren die aus Mähren gebürtigen Klemens Maria Hofbauer aus Taßwitz (Tasovice) und Thaddäus Hýbl aus Čermná. Nach Abschluß ihrer Studien und der Priesterweihe in Italien spielten beide eine wichtige Rolle bei der Ausbreitung der Kongregation außerhalb Italiens. Zu einer großen Entfaltung der Kongregation kommt es nach 1820; im Laufe des 19.und im 20.Jahrhundert verbreitete sie sich in alle Kontinente. Gegenwärtig besitzt sie auf der ganzen Erde etwa 800 Niederlassungen, die in 70 Provinzen und Vizeprovinzen organisiert sind.

Die Kongregation ist ursprünglich als Reaktion auf das Bedürfnis entstanden, die Pastoraltätigkeit der Priester von der Stadt auf das Land auszudehnen, besonders auf die Gebirgsgegenden um Neapel herum. Die Mitglieder der Kongregation richten sich nach der Regel, die eine Synthese der vom Stifter verfaßten Statuten und der Konstitutionen der Generalkapitel ist. Neben der Veranstaltung von Missionen, Abhaltung von Exerzitien, Predigt und Aushilfe in der Seelsorge widmen sich die Mitglieder der Kongregation auch der wissenschaftlichen Tätigkeit besonders in theologischen Fächern. Hier steht an erster Stelle der Stifter der Kongregation, der hl. Alfons, der sich mit seiner Moralthelogie unter die hervorragendsten Moraltheologen in der Geschichte der Kirche eingeordnet hat.

An der Spitze der Kongregation steht der Rector major, die Einzelnen Provinzen leitet der Provinzial. Die Häuser der Redemptoristen heißen Kollegien, deren Vorgesetzter ist der Rektor, ein kleineres Haus, ein Hospiz leitet der Superior. Die Kongregation hat Priester und Laienbrüder (fratres laici professi). Ordensnamen habe nur die Laienbrüder.

In die Länder der Habsburger Monarchie wurden die Redemptoristen durch den hl. Klemens Maria Hofbauer eingeführt. Das erste Haus wurde in Wien gegründet, 1841 entstand die österreichische Provinz. Zu dieser gehörten ursprünglich auch die ältesten Häuser der Redemptoristen in den Ländern Böhmens, die seit 1901 in einer selbständigen Prager Provinz organisiert sind. Das älteste Kolleg ist in Kocléřov 1855 entstanden, 1896 wurde es nach Vierzighuben (Čtyřicet Lánů) bei Zwittau (Svitavy) verlegt. Vierzighuben wurde in den Jahren 1921—1925 Sitz der Zwittauer Vizeprovinz, zu der einige Häuser in Böhmen und in Mähren gehörten; 1925 wurde sie mit der Prager Provinz vereinigt. Weitere Häuser der Redemptoristen befanden sich in der Neustadt in Prag (auf dem Zderaz und der Karls-

hof), Kollegien und Residenzen waren auf dem Heiligen Berg bei Příbram, in Prag auf der Kleinseite (bei der Kirche der Muttergottes von der immerwährenden Hilfe und des hl. Kajetan), auf dem Marienberg bei Grulich (Králíky), in Philippsdorf (Filipov), in Budweis (České Budějovice), Obořiště (hier befand sich das theologische Institut der Kongregation), Pilsen (Plzeň); in Mähren in Červenka (Bez. Olmütz), in Bílsko bei Litovel (Hospiz), in Vierzighuben bei Zwittau (Čtyřicet Lánů u Svitav) und in Brünn (Brno). Nach 1918, als alle Häuser der Redemptoristen der Prager Provinz einverleibt wurden, die jetzt tschechoslowakische Provinz heißt, entstanden noch die Kollegien in Karlsbad (Karlovy Vary), in Maria-Schnee bei Reichenau a. d. Maltsch (Svatý Kámen u Rychnova n. Malší), in Libějovice bei Strakonitz; in Mähren in Taßwitz, in Mährisch Ostrau (Moravská Ostrava) und in Frýdek. Bei einigen Kollegien waren Exerzitien- und Missionshäuser.

Wappen: in blauem Feld grüner dreihügeliger Berg, zu seinen Seiten in goldenen Buchstaben die Namen Jesus und Maria, braunes Kreuz mit Lanze und Schwamm, über dem Kreuz goldenes Auge Gottes

Wahlspruch: Copiosa apud Eum redemptio

Ordenstracht: schwarzer Talar mit breitem Collar (nur bei Priestern), am Zingulum Rosenkranz

Jetzige Adresse:
Kongregace Nejsvětějšího Vykupitele
Redemptoristé
261 02 Svatá Hora 591

Die Iwaniten Eremiten

(Congregatio fratrum eremitarum divi Ivani)

Zu den kirchlichen Gemeinschaften, die sich nach den Regeln des Ordenslebens richten, dürfen auch die Iwaniten Eremiten gezählt werden. Es handelt sich im Grunde genommen um eine Bruderschaft, die 1725 von P. Dominikus Anton Stey, ehemaligem Lehrer in Gabel (Jablonné) gegründet wurde. Nach dem Tod aller Familienangehörigen zog er sich in die Einsamkeit zurück und in einer kleinen Schrift „Lilium convallium ze zahrady poustevnické" verfaßte er eigene Statuten der Bruderschaft, eine Kompilation verschiedener Ordensregeln, die der Prager Erzbischof Daniel Josef Mayer 1732 bestätigte. Zur Aufsicht über die Tätigkeit der Kommunität bestimmte das Konsistorium einen besonderen Visitator.

Die Iwaniten entwickelten eine ähnliche Tätigkeit wie die anderen Eremiten, die zum großen Teil eigentlich Tertiaer einiger Bettelorden, besonders der Minoriten und Kapuziner, waren. Sie lebten in versiedenen Klausen, sorgten sich um die Instandhaltung und den Schutz einsamer Wallfahrtskirchen und Kapellen und nahmen auch andere Arbeiten an, die meist mit dem Betrieb dieser Sakralbauten verbunden waren, sie versahen z. B. den Dienst des Mesners, des Glöckners oder des Totengräbers. Die Mitglieder der Bruderschaft legten einfache Gelübde ab und es war ihnen erlaubt, Ordenstracht zu tragen. Sie ernährten sich meistens durch Handarbeit und gelegentliche Almosen, nur bei einer geringen Zahl von Kirchen, die mit Stiftungen bedacht waren, hatten sie eine beständigere Einnahmenquelle. Die Kongregation durfte bereits seit 1771 keine neuen Mitglieder mehr aufnehmen und wurde 1782 aufgehoben. Während ihres Aufenthaltes in Prag benützten die Iwaniten ein Haus mit einer Kapelle des hl. Johannes Chrysostomus, das ihnen Josef Ludwig Graf Hrzan geschenkt hatte.

Ordenstracht: Habit aus braunem Tuch, kurzer Mantel mit Kapuze, Skapulier

Die Gesellschaft des Hlst. Herzens Jesu

Die Gesellschaft wurde 1794 von P. Leonor François de Tournely in Löwen in Belgien gegründet. Ihre Tätigkeit sollte an die Ideen der aufgehobenen Gesellschaft Jesu anknüpfen, nach deren Wiedererneuerung 1814 sie in dieser aufging. Die kurze Geschichte der Gesellschaft des hlst. Herzens Jesu ist auch mit ihrem kurzfristigen Wirken in Böhmen verbunden. In den neunziger Jahren des 18. Jahrhunderts verließen die Mitglieder der Gesellschaft das von Unruhen nach der Französischen Revolution heimgesuchte belgische Gebiet und fanden vorübergehend Zuflucht in Wien und seit 1797 auf dem Schloß Hagenbrunn bei Wien. Ein zweiter Konvent entstand 1798 in Prag auf dem Hradschin, wovon die Mitglieder der Gesellschaft zu Begin des 19. Jahrhunderts wieder in ihre Heimat zurückkehrten. Die Kongregation hatte auch einen weiblichen Zweig.

Die Eucharistiner

Priestergemeinschaft vom Allerheiligsten Sakrament

(Congregatio Presbyterorum a Sanctissimo Sacramento)

Die Kongregation wurde 1856 in Paris vom sel. Pierre Jul. Eymard gegründet. Der erste Konvent im Bereich der Habsburger Monarchie ist in Bozen-Stillendorf 1897 entstande. Im Jahre 1912 wurde in Brünn bei St. Maria Magdalena ein Konvent der Eucharistiner gegründet.

Jetzige Adresse:
Kongregace kněží Nejs. Svátosti
Františkánská 2
602 00 Brno

Die Oblaten der Unbefleckten Jungfrau Maria

(Congregatio Oblatorum Beatae Mariae Virginis)

Die Kongregation wurde 1815 von Charles Josef Eug. de Mazenod gegründet und 1826 bestätigt.

Ihre Hauptaufgabe ist die Tätigkeit in der Seelsorge in den ihr anvertrauten Pfarreien.

An der Spitze der Kongregation, die territorial in Provinzen eingeteilt ist, steht der Generalsuperior, die Provinzen leitet der Provinzialsuperior, die einzelnen Konvente, Filialen genannt, der Superior.

In Böhmen wurde der erste Konvent der Oblaten 1911 in Warnsdorf (Varnsdorf) gegründet, wo das Provinzialat für die übrigen Häuser in Böhmen und Mähren seinen Sitz hat. Niederlassungen der Oblaten sind in: Eger (Cheb), Tepl bei Lobositz (Teplá u Lovosic), Gojau bei Krumau (Kájov u Českého Krumlova), Frischau bei Znaim (jetzt Břežany u Znojma) und in Altwasser (Stará Voda), kurzfristig auch in Aussig a. d. Elbe (Ústí n. Labem). In der ersten Hälfte der vierziger Jahren wirkten die Oblaten in der Seelsorge auch in der Gegend um Teschen (Těšín) in Orlová und Lazy.

Jetzige Adresse:
Kongregace oblátů Neposkvrněného Početí P. Marie
407 47 Varnsdorf

Die Salesianer

(Societas Don Bosco, Societas S. Francisci Salesii)

Die Gesellschaft des hl. Franz von Sales (Salesianer) wurde 1841 von Don Johannes Bosco in Turin gestiftet, die Statuten wurden 1874 definitiv approbiert. Die Gesellschaft breitete sich von Italien nach Europa und allmählich über die ganze Welt aus.

Die Salesianer erblicken ihre Hauptaufgabe in der Jugendarbeit, besonders bei der materiell und geistig gefährdeten Jugend. Ihr Sinn ist eine auf Vernunft, Güte und Religion aufgebaute Erziehung, die sich bemüht, aus den Jugendlichen gute Bürger und Christen zu erziehen. Die Mitglieder der Gesellschaft arbeiten in Schulen und Internaten und sind in der Seelsorge in Pfarreien tätig.

Oberster Vorgesetzter der Salesianer ist der Generalsuperior, der seinen Sitz in Turin hat, die Gesellschaft ist in Provinzen aufgegliedert, die der Inspektor leitet. Die einzelnen Kollegien leitet der Direktor. Die Gesellschaft hat Priester und Laienbrüder, die studierenden Mitglieder heißen Fratres scholastici. Bei der Gesellschaft ist als dritter Zweig auch eine Laienvereinigung der Salesianischen Mitarbeiter eingeführt, die Johannes Don Bosco schon 1876 gegründet hat.

In die Länder Böhmens hat die Salesianer 1927 P. Ignác Stuchlý eigeführt. Der erste Konvikt entstand in Freistadtl bei Holleschau (Frýšták u Holešova), weitere Häuser in Prag, Pardubitz, Brünn, Ostrau, Ořechov bei Polešovice, Hodoňovice, Dvorek bei Přibyslav, Mníšek pod Brdy, Přestavlky, Osek und in Aussig-Türmitz (Ústí-Trmice).

Wahlspruch: Da mihi animas, cetera tolle.

Ordenstracht: die Salesianer-Priester kleiden sich wie die Weltpriester des Landes, in dem sie gerade wirken; die Laienbrüder tragen dunkle Zivilkleidung

Jetzige Adresse:
Salesiáni Dona Bosca
Kobyliské náměstí č. 1
182 00 Praha 8-Kobylisy

Die Salvatorianer — Gesellschaft des Göttlichen Heilandes
(Societas Divini Salvatoris)

Der Priester Franz Maria vom Kreuz Jordan gründete 1881 in Rom die Gesellschaft des Göttlichen Heilandes, die zur Zeit in 21 Ländern aller Kontinente tätig ist.

Das Wesentliche der Spiritualität der Salvatorianer beruht im Glauben an den einzigen und wahren Erlöser der Welt, der Jesus Christus ist. In diesem Sinne wirken die Salvatorianer in den Missionen im In- und Ausland, predigen und halten Exerzitien ab. Die Mitglieder der Gesellschaft helfen in der Jugenderziehung durch Unterricht an Schulen mit, arbeiten in der Seelsorge, bei einigen Häusern bestehen inkorporierte Pfarreien.

An der Spitze der Salvatorianer steht der Generalsuperior, der in Rom beim internationalen Salvatorianerkolleg (Collegium Salvatorianum) residiert; die materiellen Angelegenheiten obliegen dem Prokurator. Die Gesellschaft ist in Provinzen aufgegliedert, die der Provinzial-superior leitet. Die einzelnen Häuser in den Provinzen heißen Kollegien, sie sind dem Superior unterstellt. Die Kollegien werden Collegium Marianum genannt. Die Gesellschaft hat Priester und Laienbrüder (fratres laici professi). Im Jahre 1888 stiftete Franz Maria v. Kreuz Jordan in Tivoli bei Rom auch einen weiblichen Zweig der Gesellschaft.

Das älteste Kolleg in den böhmischen Ländern gründete der Stifter Franz M. v. Kreuz Jordan 1895 in Wallachisch Meseritsch (Valašské Meziříčí), weitere Niederlassungen folgten in Jägerndorf (Krnov) und in Brünn (Brno). Sie gehörten der österreichisch-ungarischen Provinz an, die 1894 errichtet wurde. Nach 1918 entstand eine selbständige tschechoslowakische Provinz, deren Provinzial zunächst in Wranau bei Brünn (Vranov u Brna) residierte, wo seit 1926 ein weiteres Kolleg besteht. Alle Niederlassungen waren mit der Seelsorge verbunden (auch in Prag-Lhotka), in der die Salvatorianer bis 1950 wirkten.

Ordenstracht: schwarze Soutane und schwarzes Zingulum mit vier Knoten
Jetzige Andresse:
Společnost Božského Spasitele
Lidická 34
796 01 Prostějov

Die Verbisten — Gesellschaft vom göttlichen Wort

(Societas Verbi Divini)

Die Gesellschaft wurde 1875 von P. Arnold Janssen in Steyl in Holland gegründet. 1901 erhielt sie die päpstliche Bestätigung. Die Mitglieder der Gesellschaft werden in Europa, Amerika und besonders in den Ländern der sgn. Dritten Welt. Das größte Wachstum verzeichnen die Steyler Missonäre in jüngster Zeit in Polen, Indonesien, Indien und auf den Philippinen.

Ausgehend vom Werk ihres Stifters sieht die Gesellschaft ihre Hauptaufgabe in der Verbreitung des Evangeliums vor alle, in bislang heidnischen Ländern, aber auch dort, wo mit der Erneuerung des zerstörten kirchlichen Lebens wieder begonnen werden muß. Janssens Ideen waren daher schon seit Beginn der Tätigkeit der Gesellschaft vor allem auf die Missionsarbeit namentlich in Übersee ausgerichtet; eine wichtige Rolle wurde in dieser Richtung dem Schriftenapostolat, der Herausgabe von Literatur und einer Reihe von Zeitschriften zugeschrieben.

Die Gesellschaft leitet der Generalsuperior, die einzelnen Provinzen der Provinzialsuperior. Jeder Konvent heißt Missionshaus und wird von einem Rektor geleitet.

Zentrum der Gesellschaft in der Österreichisch-Ungarischen Monarchie zugleich Sitz des Ordensoberen der europäischen Provinz war das Missionshaus St. Gabriel in Maria-Enzersdorf bei Mödling in Niederösterreich (gegründet 1880). Hier befand sich ebenfalls ein Lyzeum, eine theologische Studienanstalt zur Heranbildung von Missionären und ein Exerzitienhaus. In unsere Länder kamen die Verbisten nach dem ersten Weltkrieg zunächst in die Slowakei, wo die slowakische Provinz mit dem Zentrum in Neutra (Nitra) entstand. Zu den älteren Konventen in der Slowakei und in Schlesien kamen auch Häuser in Böhmen hinzu — in Chrudim und in Dolní Životice. Zur Zeit nehmen die Verbisten ihre Tätigkeit in der Slowakei wieder auf.

Jetzige Adresse:
Verbisté
(Sitz der Provinz)
951 12 Nitra

Verbisté
(Tschechische Expositur)
407 60 Brtníky

92

WELTKARTE.

Arnoldus Janssen,
Fundator Societatis Verbi Divini necnon
Societatis Servarum Spiritus Sanc
Natus anno 183
feliciter obiit in Domino anno 190

Die Herz-Jesu-Priester (Priester vom hlst. H. J.)

(Congregatio Missionarium SS. Cordis Jesu)

Die Kongregation wurde 1878 von P. Léon Dehon in St. Quentin in Frankreich gegründet.

Die Hauptaufgabe der Kongregation ist die Arbeit in der Mission sowie priesterliche Tätigkeit in Exerzition, Unterricht und Seelsorge.

An der Spitze der Kongregation steht der General, die einzelnen Konvente werden vom Superior geleitet.

Die Kongregation hat Priester und auch Laienbrüder.

In Böhmen wurde die Kongregation 1907 eingeführt. Das erste Haus wurde in Dubí gegründet, später entstand der Konvent in Eger (Cheb); die Priester der Kongregation waren auch in der Seelsorge in der Pfarrei Novosedlice bei Teplitz (Teplice) tätig.

Die Kalasantiner — Kongregation der frommer Arbeiter

(Congregatio pro operariis christianis a S. Josepho Calasantio)

Die Kongregation wurde 1889 in Wien von P. Anton Maria Schwarz gegründet. Der erste Konvent in Wien wurde das Mutterhaus mit Sitz des Generalsuperiors, dem bei der Leitung der einzelnen Häuser drei Generalassistenten zur Seite stehen.

Hauptaufgabe der Kongregation ist die Jugendfürsorge, besonders die Betreuung der Arbeiterjugend.

Die einzelnen Kollegien (auch Exposituren oder Oratorien) leitet der Superior. Die Kongregation hat Priester und auch Laienbrüder (fratres laici professi).

In Böhmen errichteten die Kalasantiner ein einziges Haus in Kročehlavy bei Kladno mit einer Kirche aus dem Jahre 1931.

Jetzige Adresse:
Kongregace pro křesťanské dělníky
sv. Josefa Kalasantského
Farní úřad Hřešihlavy
338 27 Hlohovice

Die Kongregation vom hl. Michael

Die Kongregation wurde als eine der jüngsten in den Ländern Böhmens von P. Pattloch in Bilin (Bílina) in Nordböhmen gegründet. Ihre vornehmliche Mission ist das Schriftenapostolat — sie war Herausgeberin der Zeitschrift Das Schwert des heiligen Michael.

Die Brüder der Christlichen Schulen — Schulbrüder
(Institutum Fratrum Scholarum Christianarum)

Die Kongregation der Schulbrüder gründete 1684 der hl. Johannes Bapt. de la Salle in Reims, um Lehrer für neugegründete Schulen und christliche Erziehungsanstalten heranzubilden, die für die breiten Volksmassen bestimmt waren. Die ausführlichen Regeln für das Wirken der Brüder wurden 1694 verfaßt. Im Jahre 1725 wurde die Kongregation durch Papst Benedikt XIII. kirchlich bestätigt. Trotz anfänglicher Schwierigkeiten breitete sich die Kongregation rasch in Frankreich aus und zu Beginn des 18. Jahrhunderts hatte sie bereits Häuser in einer Reihe europäischer Länder sowie in Amerika.

Hauptaufgabe der Brüder wurde die Unterrichtung der Jugend. Im Sinne der Ideen des Stifters der Kongregation wurde an diesen Schulen in der Volkssprache unterrichtet, der Unterricht war unentgeltlich und Körperstrafen waren verboten. Die Mitglieder der Kongregation verpflichten sich auf drei Jahre mit einfachen Gelübden.

Die Kongregation ist territorial in Provinzen eingeteilt, die der Visitator leitet. Oberer in den einzelnen Häusern ist der Direktor, der vom Vizedirektor vertreten wird. Weitere Ämter in der Kommunität sind der Präfekt, der Ökonom und die Lehrer (Magister). Die Schulbrüder haben keine Priester, die Mitglieder der Kongregation sind Laienbrüder, meist mit Approbation zum Lehramt, die Ordensnamen annehmen.

Nach Böhmen kamen die Schulbrüder im Jahre 1898 aus Wien, sie errichteten ihre erste Niederlassung in Prag-Bubeneč, zu der ein Pensionat des hl. Wenzel, eine fünfklassige Knaben-Volksschule und seit 1909 auch ein Lehrerseminar gehörten, welches 1915 nach St. Johann (Iwan) unter dem Felsen (Svatý Jan pod Skalou) einem ehemaligen Benediktiner Kloster, verlegt wurde. Die Schulbrüder gehörten ursprünglich zur österreichisch-ungarischen Provinz, nach 1918 entstand die tschechoslowakische Provinz mit dem Sitz des Visitators in Prag. Die Arbeit in den Anstalten der Kongregation wurde durch den Krieg unterbrochen und 1950 wurde sie ganz aufgehoben.

Wappen: in blauem Feld silberner strahlender fünfzackiger Stern
Wahlspruch: Signum fidei
Ordenstracht: schwarzer Talar mit zwei weißen Beffchen am Kragen
Jetzige Adresse:
Bratři křesťanských škol
Kovácsova 469
851 10 Bratislava-Rusovce

95

Die Petriner — Kongregation der Brüder vom Allerheiligsten Sakrament
(Congregatio Sanctissimi Sacramenti)

Die Kongregation böhmischen Ursprungs wurde 1888 in Budweis (České Budějovice) vom Weltpriester P. M. Klement Václav Petr gegründet, nach dem sie benannt ist. Hauptaufgabe der Kongregation ist die Tätigkeit in der Seelsorge.

Die Kongregation leitet der Generalsuperior mit dem Sitz in Budweis (České Budějovice), wo das älteste Kolleg entstand. Kleinere Residenzen wurden in Maria Schnee mit der Verwaltung der Wallfahrtskirche und in Písek bei der Kirche Kreuz-Erhöhung gegründet. Jünger ist der Konvent in Freudental (Bruntál), bei dem eine Anstalt zur Ausbildung Spätberufener existierte. Die Kongregation besaß auch den Gutshof in Volšovy bei Schüttenhofen (Sušice).

Von der Budweiser Kongregation der Petriner sind die Petriner des 18. Jahrhunderts zu unterscheiden, die dem Stuhl Petri unterstellt sind, und die Kongregation der Petriner, die in Brünn (Brno) zwischen 1945 und 1950 tätig waren (die Christ-König-Kongregation).

Jetzige Andresse:
Kongregace bratří Nejsvětější Svátosti
Bakaláře 43
397 01 Písek

96

Die Tröster von Gethsemane — Kongregation der Tröster von Gethsemane

(Congregatio Fratrum Consolatorum de Gethsemane)

Die slawische Kongregation des tschechischen Ursprungs wurde 1922 vom tschechischen Priester P. Josef Litomyský bei der tschechischen Salvatorkirche in Wien gegründet. Die Statuten der Kongregation wurden noch im selben Jahr vom Heiligen Stuhl bestätigt.

Die Gründung der Kongregation beschleunigten die Leiden des ersten Weltkriegs und seine unheilvollen moralischen Folgen, die die Notwendigkeit einer organisierten Fürsorge um betroffene Personen hervorriefen. Die Brüder machten sich zur Hauptaufgabe kranken, verlassenen und armen Landsleuten Trost zu spenden und unter den im Ausland lebenden Slawen Missionen abzuhalten. Die Tätigkeit der Brüder in Missions- und Pastoralarbeit sowie im Krankenhausdienst unter den Landsleuten wird von Versöhnlichkeit getragen. In diesem Geist dehnten sie ihren Wirkungsbereich auch ins Ausland aus, sie wirkten in Frankreich und waren im Begriff, die Seelsorge bei den slawischen Arbeitern im Ruhrgebiet und anderswo zu übernehmen; seit 1935 verwalten sie die Cyrillo-Methodische Versöhnungskapelle auf den Ölberg in Jerusalem. Die Spiritualität der Brüder ist vornehmlich kontemplativ, sie beruht in der täglichen Adoration vor dem Allerheiligsten Sakrament.

An der Spitze der Kongregation steht der Generalsuperior, die Provinz leitet der Provinzial. Das Mutterhaus war zunächst in Wien, wo auch das erste Kolleg mit einer eigenen tschechischen Lehranstalt entstand, das zugleich Noviziat und Exerzitienhaus war. Später verlegten der Generalsuperior und auch der Provinzial ihren Sitz nach Prag. Die Kommunität hat Priester und auch Laienbrüder.

Im Böhmen hatten die Tröster vor dem zweiten Weltkrieg ihre Häuser in Klokoty bei Tábor, wo ihnen die Verwaltung der Wallfahrtskirche anvertraut war, in Prag entstand nach dem Krieg ihr Konvent auf der Kleinseite, wovon sie die Salvatorkirche im Klementinum administrierten, sie wirkten ferner in Suché Vrbno bei Budweis (České Budějovice), in Česká Kamenice und in Nepomuk; in Mähren hatten sie Häuser in Brünn (Brno), Hrabyně und in Mährisch Ostrau-Nová Ves (Moravská Ostrava-Nová Ves).

Wahlspruch: Alles zum Trost des Herz Jesu

Ordenstracht: schwarzer Habit mit weißen Mäntelchen, weißer Chormantel, auf der Brust ovale Medaille mit Darstellung des leidenden Heilandsin Gethsemane, der vom Engel getröstet wird und mit der Inschrift: adoratio, expiatio, imitatio

Jetzige Adresse:
Kongregace Bratří Těšitelů
z Gethseman
Staroklokotská 1
390 01 Tábor

97

KONGREGATIONEN UND RELIGIÖSE GEMEINSCHAFTEN, DEREN MITGLIEDER IN DEN LÄNDERN DER BÖHMISCHEN KRONE ZEITWEILIG TÄTIG WAREN, HIER JEDOCH KEINE EIGENEN HÄUSER BESASSEN

Die Kamillianer

(Ordo Sancti Camilli)

Der Orden wurde 1584 vom hl. Kamillus de Lellis in Rom gegründet, 1591 approbierte ihn Papst Gregor XIV. Sein Hauptziel war die Arbeit in Spitälern und die ambulante Krankenpflege zu Hause. Der Orden hat in Böhmen nie Fuß gefaßt, nur in den vierziger Jahren des 20. Jahrhunderts waren Priester der Kamillianer hier in der Seelsorge tätig.

Die Lazaristen

(Congregatio Missionis)

Die Kongregation wurde 1625 vom hl. Vinzenz von Paul gestiften und 1632 von Papst Urban VIII. bestätigt. Noch in demselben Jahr ließen sich die Brüder bei St. Lazare in Paris nieder (von hier der Name Lazaristen), wo der Generalsuperior seinen Sitz aufschlug. Der Konvent bei St. Lazare wurde zu einem Quell des geistlichen Lebens der Priester; bei diesem Konvent stiftete er auch ein Haus christlicher Liebe für sittlich gestrauchelte Personen.

Hauptzweck der Kongregation war die Missionstätigkeit auch in Übersee, geistliche Übungen für Priesteramtskandidaten in Seminarien sowie di Tätigkeit als Prediger. Die Mitglieder der Kongregation erwarben sich große Verdienste um die Erneuerung des kirchlichen Lebens im Frankreich des 17. Jahrhunderts.

Die Kongregation gliederte sich in Provinzen mit dem Visitator an der Spitze, die einzelnen Konvente heißen Missionshäuser und stehen unter der Leitung des Superiors. Im Bereich der Habsburger Monarchie hatten die Lazaristen die österrweichisch-ungarische Provinz, in Böhmen hatten sie nie Konvente gegründet, doch vereinzelt waren Lazaristen auch bei uns tätig.

Wappen: in silbernem Feld Jesus Christus als Prediger, um sein Haupt Wolke, aus der Strahlen hervorbrechen

Wahlspruch: Evangelizare pauperibus misit me

Ordenstracht: schwarzer Talar ähnlich dem Talar der Weltpriester

Die Pallottiner

(Societas Apostolatus Catholici)

Die Gesellschaft wurde 1835 in Rom vom hl. Vinzenz Pallotti gestiftet und 1904 bestätigt.

Ihr Hauptziel ist die Missionsarbeit und Aushilfe in der Seelsorge.

Die Gesellschaft wird vom Generalsuperior, die Provinzen vom Provinzialsuperior, die einzelnen Konvente (Filialhäuser) vom Rektor geleitet. Die Gesellschaft ist nach Provinzen organisiert, von Bedeutung war ihr Wirken in Schlesien, Mutterhaus für die deutsche Provinz ist in Limburg a. d. Lahn. Im Bereich Böhmens besaß die Gesellschaft keine eigenen Häuser, doch in den vierziger Jahren waren ihre Priester in Trautenau (Trutnov) in Ostböhmen tätig.

Im Gebiet der Erzdiözese Olmütz (Olomouc) leiteten die Pallottiner einen Konvent in Keř im ehemalig preußisch Schlesien sowie einige weitere Häuser im jetzigen polnischen Schlesien.

Die Kongregation der Missionäre vom Kostbaren Blute

(Congregatio Missionariorum Pretiosissimi Sanguinis)

Die Kongregation wurde 1815 gegründet und 1841 bestätigt. In Böhmen besaß sie nie Häuser, doch Wirkten ihre Priester vor dem zweiten Wetkrieg kurzfristig in Prag.

WEIBLICHE ORDEN

Die Johanniterinnen

Die Johanniterinnen sind als zweiter Orden der Malteser schon in Jerusalem vor 1187 beim dortigen Hospital entstanden. Seit Ende des 12. Jahrhunderts entstanden ihre Konvente besonders in den Ländern West- und Südeuropas — in Frankreich, Spanien, Italien u.a.

Hauptaufgabe der Johanniterinnen war die Betreuung der Kranken in Hospitälern.

Der Orden umfaßst drei Gruppen von Schwestern — die Sorores justitiae, die stets adeliger Abstammung waren, die Sorores officii und die Laienschwestern.

In Böhmen hatten die Johanniterinnen Konvente in Manětín und in Velký Bor. Beide sind in den Hussitenkriegen eingegangen.

Ordenstracht: schwarzer Habit mit silbernem Ordenskreuz, roter Schleier. Die Laienschwestern tragen schwarzen Habit mit halbem Ordenskreuz, weißer Schleier

Die Wächterinnen des Heiligen Grabes

Die Wächterinnen des Heiligen Grabes waren der weibliche Zweig der Kreuzherren mit dem roten Kreuz. Ihre Gründerin war Wratislawa, die Witwe Kojatas, des Stifters des Kreuzherren-Konvents auf dem Zderaz-Hügel in Prag; sie errichtete den Schwestern im Jahre 1227 ein Haus in Schwetz bei Bilin (Světec u Bíliny), in das größtenteils nur Töchter aus adeligen Familien eintraten. Der Konvent wurde von einer Priorin geleitet, die seit 1276 dem Propst von Zderaz unterstellt war; die Seelsorge der Kommunität oblag ebenfalls einem Priester der Propstei auf dem Zderaz. Nach den Hussitenkriegen wurde der Konvent erneuert und 1531 erhielt er auch das verlassene Kloster auf dem Zderaz, das die Schwestern 1571 besiedelten und wo die Kommunität Ende des 16. Jahrhunderts zu bestehen aufhörte. Die Güter des Hauses in Schwetz (Světec) wurden zur Erneuerung des Prager Erzbistums verwendet, dem sie 1580 zugefallen waren.Der Orden verbreitete sich auch in weitere europäische Länder (Spanien, Frankreich, Deutschland u.a.), wo er bis jetzt wirkt.

Wahlspruch: Christus siegt. Er ist auferstanden. Alelluja

104

Die Augustinerchorfrauen
(Canonissae S. P. Augustini)

Konvente der Augustinerkanonissen entstanden meistens bei den Augustiner-Chorherrenstiften; später als selbständige Kanonien unter der Leitung einer Magistra waren sie den Diözesanbischöfen unterstellt. In Böhmen besaßen die Kanonissen nie eigene Häuser, doch sie hatten einigen Grundbesitz in unserem Land, so in Böhmen die Herrschaft Böhmisch-Aicha (Český Dub) und in Schlesien ein Teil der Herrschaft Spálov, die Eigentum der Wiener Kanonie bei St. Jakob und Agnes waren.

Die Prämonstratenserinnen

Der weibliche Zweig des Prämonstratenserordens wude 1112 vom hl. Norbert von Xantes als zweiter Orden der Prämonstratenser gestiftet.

Die Prämonstratenserinen sind ein strenger Frauenorden mit kontemplativen Ordensleben, organisatorisch sind die einzelnen Kanonien der jeweiligen Kanonie des männllichen Ordens angeschlossen.

Die einzelnen Häuser, Kanonien genannt, stehen, unter der Leitung einer Priorin oder Magistra. Bei den Kanonien wurden Propsteinen errichtet mit einem Propst an der Spritze, der die wirtschaftlichen Angelegenheiten und gemeinsam mit weiteren Kapitularen auch die Seelsorge des Klosters leitete. Die Prämonstratenserinnen scheiden sich in Chorschwestern und Laienschwestern.

In Böhmen wurden sie vom späteren König Wladislaw II. und seiner Gemahlin Gertrud zuerst in das Strahov Kloster zu Prag und von da nach nach Doxan (Doksany) eingeführt (1144), kurz danach entstanden die Konvente in Louňovice unter dem Blaník und in Chotieschau (Chotěšov); Stifter von Chotieschau war der sel. Hroznata und seine Sechwester Vojslava. In Mähren waren die Prämonstratenserinnen in Kanitz (Dolní Kounice) und in Neureisch (Nová Říše). Doxan (Doksany) und Chotieschau existierten bis 1782.

Ordenstracht: weißer Habit mit schwarzem Schleier

Die Benediktinerinnen

Der weibliche Zweig des Beneditiner-ordens wurde von der hl. Scholastika (+ um 543), der Schwester des hl. Benedikt, in Piambarola, unweit des Klosters Monte Cassino, gegründet. Die in ganz Westeuropa verbreiteten Benediktinerinnenklöster waren in Kongregationen organisiert, den einzelnen Häusern stand die Äbtissin vor, kleineren Häusern die Priorin.

Im Zusammenhang mit der Gründung des Prager Bistums erhielt Herzog Boleslav II. vom Papst die Erlaubnis auch zur Gründung eines Klosters der Benediktineinnen — Kanonissen bei der St. Georgskirche auf der Burg zu Prag. So entstand am Anfang der siebziger Jahre des 10. Jahrhunderts das älteste Kloster auf böhmischem Boden. An seiner Spitze stand als erste Äbtissin die Schwester Boleslav II., Mlada. In diesem Stift führten unverheiratete Töchter des Herrschers und Töchter aus adeligen Familien ein gemeinsames Leben, die Äbtissin nahm eine erstrangige Stellung in der damaligen Gesellschaft ein. Unter Karl IV. erhielt sie den Titel einer Fürstäbtissin und dal Recht, gemeinsam mit dem Erzbischof die böhmische Königin zu krönen. Dieses Recht bestand bis 1782.

In vorhussitischer Zeit war das Kloster ein bedeutendes Zentrum der Kultur und Bildung, es war berühmt besonders durch die Tätigkeit seines Skriptoriums mit einer Schreiber- und Malerschule. Weitere Benediktinerinnenklöster sind in Teplitz (Teplice) und in der Altstadt von Prag entstanden, in Mähren dann in Pustiměř. Sie alle wurden von Josef II. aufgelöst. Im Jahre 1881 wurde bei St. Gabriel Prag-Smíchov eine Abtei der Benediktinerinnen der Beuroner Kongregation gegründet.

Nach 1918 haben Benediktinerinnen des St. Gabriel Klosters die Tschechoslowakei verlassen.

Ordenstracht: schwarzes Ordenskleid wie bei den Benediktinern

108

Die Zisterzienserinnen

Die Zisterzienserinnen wurden als zweiter Orden der Zisterzienser gegründet. Ihre rasch in Europa verbreiteten Konvente waren analog den Zisterzienserklöstern exempt, d.h. sie hatten vollkommene Selbstverwaltung und waren direkt dem Papst unterordnet.

Die Ordensfrauen lebten in strenger Klausur, ihr Orden ist ein Jungfrauenorden, der keine Witwen aufnimmt. In jüngerer Zeit entstanden bei ihre Klöstern Mädchenschulen.

Die einzelnen Konvente werden von einer Äbtissin geleitet, der Betrieb des Konvente steht unter Aufsicht einer Priorin. Vor der Außenwelt wurde das Kloster durch den Propst vertreten, dem auch die geistliche Führung der Schwestern und die wirtschaftlichen Angelegenheiten der klösterlichen Gutshofes oblagen.

Die ersten Zisterzienserinnenklöster in Böhmen sind schon in der 1. Hälfte des 13. Jahrhunderts entstanden. Zu den ältesten Konventen gehört Oslawan (Oslavany), ferner das berühmte Kloster in Tischnowitz (Tišnov), gegründet von der Gemahlin Přemysl Otakar I.; die Klosterkirche mit ihrem Portal aus den dreißiger Jahren des 13. Jahrhunderts gehört zu den Juwelen der Architektur unseres Landes. Bald enstanden auch die Klöster in Frauenthal (Pohled), Sezemice und als neuere Gründung Alt-Brünn (Staré Brno). Die meisten Konvente sind in den Hussitenkriegen eingegangen, die übrigen unter Josef II. im Jahre 1782. Die Tätigkeit des Ordens wurde durch die Errichtung eines neuen Frauenkonvents in Tischnowitz (Tišnov) im Jahre 1907 wieder aufgenommen. Der Konvent wurde von Zisterzienserinnen aus Marienthal in der Oberlausitz besetz und der österreich-ungarischen Ordensprovinz zugeordnet. Beim Kloster entstand auch eine sgn. Familienschule mit Internat für Frauenberufe.

Ordenstracht: weißer Habit mit schwarzem Skapulier, Zingulum und Schleier

Jetzige Adresse:
Řád mnišek cisterciaček Porta Coeli 662 02 Tišnov 2-Předklášteří

Die Dominikanerinnen

(Moniales Ordinis Praedicatorum)

Die Dominikanerinnen werden 1206 vom hl. Dominikus gegründet. Die Satzungen wurden 1236 bestätigt. Der erste Konvent der Dominikanerinnen entstand in Prouille in Südfrankreich. Bald nach Gründung des Ordens waren Konvente der Dominikanerinnen in ganz Westeuropa verbreitet, gegenwärtig wirken sie auf der ganzen Welt.

Die Dominikanerinnen führen in strenger Klausur ein kontemplatives Leben, in dem Akzent auf die Feier der Liturgie, auf das gemeinsame Leben in der Kommunität und auf körperliche Arbeit zum eigenen Lebensunterhalt gelegt wird.

Die Schwestern des zweiten Ordens sind dem Generaloberen des ersten Ordens unterstellt. Die einzelnen Konvente leitet die Priorin.

In den böhmischen Kronländern treten die Dominikanerinnen schon in den vierziger Jahren des 13. Jahrhunderts auf, zuerst in Brünn (Brno), in Böhmen waren Konvente in Königgrätz (Hradec Králové), zwei in Prag, dann in Luditz (Žlutice), Kralupy bei Komotau (Kralupy u Chomutova), in Dux (Duchcov), in Pilsen (Plzeň); in Mähren dann noch in Alt-Brünn (Staré Brno) und Olmütz (Olomouc). Der Großtei der Dominikanerinnenklöster ist in den Hussitenkriegen eingegangen, einige bestanden bis 1782, in jüngerer Zeit wurde der Konvent in Leitmeritz (Litoměřice) erneuert, den die Schwestern 1950 verlassen muß-ten, die seitdem im Charitasheim in Moravec lebten. Im Jahre 1990 bezogen sie das Dominikanerkloster in Znaim (Znojmo).

Wahlspruch: Veritas
Ordenstracht: weißer Habit mit weißem Skapulier, Ledergürtel mit Rosenkranz, schwarzer Schleier und schwarzer Mantel
Jetzige Adresse:
Řád mnišek sv. Dominika
Dominikánský klášter Sv. Kříže
669 02 Znojmo

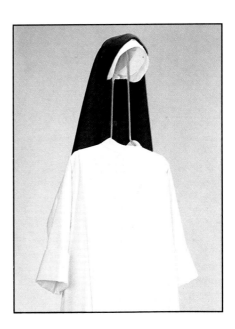

111

Die Klarissen

Den Orden der Klarissen stifftete der hl. Franz von Assisi 1212 als zweiten Orden der Minderbrüder auf Anregung der hl. Klara, die seit 1215 den ersten Klarissenkonvent bei St. Damian in Assisi leitete. Nach Kanonisierung der hl. Klara nahm der Orden ihren Namen an und die Schwestern nannten sich nach ihr Klarissen. Papst Innozenz IV. bestätigte 1253 die von der hl. Klara verfaßten Ordensregeln. Der Orden breitete sich zusammen mit den Minoriten rasch in ganz Westeuropa aus, seine Konvente sind fast ausschließlich mit dem städtischen Milieu verbunden. Sie wurden immer als Doppelklöster in Verbindung mit einem Konvent der Minoriten errichtet, die die geistliche Führung der Klarissen übernahmen.

Die Klarissen richteten sich nach den Idealen des evangelischen Lebens in Armut, hatten eine strenge Klausur und widmeten sich ganz der Kontemplation in Abgeschiedenheit von der Welt. Die charitative Tätigkeit, die jedoch nie Hauptzweck des Ordens war, wurde nur bei den Klosterspitälern ausgeübt. An der Spitze des Konvents steht immer die Äbtissin, ihre Vertreterin ist die Priorin oder Vikarin, wirtschaftliche Angelegenheiten fallen in die Kompetenz der Ökonomin. Diese und weitere Ämter üben die Chorschwestern aus, die Laienschwestern arbeiten in der Küche, im Refektorium, im Garten u. ä.

Der älteste Konvent der Klarissen wurde in Böhmen 1232 von der hl. Agnes von Böhmen, der Tochter Königs Ottokars I. in Prag gegründet (jetzt das sgn. Agneskloster). Agnes legte 1234 selber die Ordensgelübde ab und leitete diesen ersten Konvent. Das Frauenkloster und der Konvent der Minoriten mit der Franziskus- und der Salvatorkirche, mit Unterstützung des Königs gleichzeitig auch als Grablege der Přemysliden erbaut, gehört zu den wertvollsten Denkmälern der frühgotischen Architektur in Böhmen.

Weitere Doppelklöster der Klarissen und der Minoriten wurden in Eger (Cheb), Jungsfernteinitz (Panenský Týnec) (Hospiz) und in Krummau (Český Krumlov) gegründet; in Mähren in Olmütz (Olomouc) und in Znaim (Znojmo) und in Schlesien in Troppau (Opava). Sie wurden alle 1782 aufgehoben. Erste Versuche um eine Rückkehr der Klarissen wurden erst in unserem Jahrhundert unternommen.

Ordenstracht: brauner oder schwarzer Habit in former eines Kreuzes, mit einem weißen Strick mit drei Knoten gegürtet, brauner (schwarzer) (bei Laienschwestern weißer) Schleier
Jetzige Adresse:
Chudé sestry sv. Kláry
Karlova 59
614 00 Brno

112

Die Klarissen — Kapuzinerinnen

Der Orden wurde 1538 in Neapel von Maria Laurentia Longo im Rahmen einer Erneuerungsbewegung der Kapuziner gestiftet. Der Orden fand auch außerhalb Italiens Verbreitung, gegenwärtig ist er am meisten in Spanien und in Mexiko vertreten.

Das Wesentliche im Leben des Ordens ist die Rückkehr zur ursprünglichen Regel der hl. Klara — äußerste Armut, strenge päpstliche Klausur, gemeinsames Leben und betrachtendes Gebet.

Nach Böhmen kamen die ersten Ordensfrauen aus Vaals in Holland zu Beginn des 20. Jahrhundert und gründeten 1914 in Leitmeritz (Litoměřice) ihr einziges Kloster bei uns.

Ordenstracht: brauner Habit mit Zingulum, schwarzer Schleier (bei Novizinnen weiß), Skapulier

Jetzige Adresse:
Řád sester klarisek-kapucínek
Farní 3
785 01 Šternberk

114

Die Franziskanerinnen vom 3. Orden des hl. Franz Seraphicus

(Tertius Ordo S. Francisci Seraphici)

Der Orden ist aus verschiedenen Franziskanischen Ordensgruppen entstanden.

In den Ländern der böhmischen Krone hatten sie ihre Häuser seit dem 15. Jahrhundert in größeren Städten. Seit 1484 lebten sie in Brünn in einem Privathaus, der Konvent ist 1606 bei der Josefkirche entstanden; ferner in Troppau bei St. Barbara, 1734 ließen sie sich in Jauer in Schlesien (jetzt Polen) nieder. Ein kleiner Konvent wurde 1727 in Frei Hermersdorf bei Freudenthal gegründet. Alle Häuser des Ordens wurden in 18. Jahrhunderts aufgehoben.

Ordenstracht: brauner Habit und Skapulier, weißes Zingulum, schwarze Schleier

Die Elisabethinerinnen

Die Elisabethinerinnen sind ursprünglich Schwestern vom regulierten 3. Orden des hl. Franz von Assisi. Ihre Patronin ist die hl. Elisabeth von Thüringen. Ihrem Vorbild in der Ausübung der Werke der Baarmherzigkeit in der Krankenpflege folgte zu Beginn des 17. Jahrhunderts in Aachen eine Gruppe junger Mädchen, die sich unter der Führung von Apollonia Rademarch beim dortigen Stadtspital zu einer Gemeinschaft zusammenschlossen. Im Jahre 1627 wurde die Gemeinschaft dem Orden der Franziskaner-Observantenzugeordnet. Nicht lange nach seiner Entstehung breitete sich der Orden in Europa aus.

Der Orden richtet sich nach der Augustinerregel und hat seine eigenen Statuten. Hauptaufgabe der Ordensfrauen ist die Krankenpflege in Spitälern und Krankenhäusern, die bei allen Konventen gegründet wurden.

Die einzelnen Konvente sind selbständig. An ihrer Spitze steht die Oberin (Mater antistita). Der Orden hat Chor- und Laienschwestern. In jüngerer Zeit legen sie bei uns nur einfache Gelübde ab anstatt der ursprünglichen feierlichen Profeß.

In die böhmischen Kronländer wurde der Orden auf Anregung der Gräfin Schönkirch im Jahre 1719 eingeführt, als die ersten Ordensfrauen von Wien nach Prag kamen. Der älteste Konvent wurde in der Prager Neustadt bei der Schmerzhaften Muttergottes (Mariä sieben Schmerzen) gegründet, weitere Konvente entstanden in Kaaden (Kadaň) und in Alt-Brünn (Staré Brno), in neuer Zeit auch in Jablunkau in Schlesien (Jablunkov). Nach 1953, nachdem die Konvente praktisch aufgelöst waren, lebten die Elisabethinerinnen vereinzelt in Braunau (Broumov), Brünn (Brno), Osseg (Osek) und Kaaden (Kadaň). Zur Zeit nehmen sie ihre Tätigkeit wieder auf; außer ihnen existiert auch eine Kongregation der Elisabethinerinnen in Jägerndorf (Krnov). Sie würde 1842 in Neiß (Nisa) gegründet, hatte bei uns dreizehn Häuser mit Spitälern, Pflegeheimen u.s.w.

Wappen: in blauem Feld drei goldene Kronen

Ordenstracht: brauner oder grauer oder schwarzer Habit mit Skapulier in derselben Farbe, Zingulum mit fünf Knoten, schwarzer Schleier, bei verschiedenen Gelegenheiten Mantel

Jetzige Adresse:
Řád sv. Alžběty
Kamenná 36
639 00 Brno

Kongregace sester sv. Alžběty
Ježník 62
794 01 Krnov

Die Augustinerinnen

Zweiter Orden der beschuhten Augustiner. Der älteste Konvent in den Ländern der böhmischen Krone wurde 1213 in Olmütz (Olomouc) bei der Kirche St. Jakobus gegründet, der zweite Konvent 1354 in Prag-Neustadt bei St. Katharina wurde 1565 den beschuhten Augustinern (Eremiten) bei St. Thomas übergeben.

Ordenstracht: schwarzen Habit mit Lederzingulum

Die Magdalenerinnen — Orden von der Buße der hl. Maria Magdalena

Der Orden nicht ganz klarer, wohl deutscher Herkunft, ist wahrscheinlich am Anfang des 13. Jahrhunderts entstanden. Er hat sich nach der Augustinerregel gerichtet.

Ursprünglicher Zweck des Ordens war die Krankenpflege die Betreuung der Pilger und Pflege um schuldbeladene Frauen.

An der Spitze jeden Klosters stand der Propst aus dem Orden der hl. Maria Magdalena, die Obere der Schwestern im Konvent war die Priorin. Die Oberaufsicht führte der Landkomtur des Ordens der hl. Maria Magdalena.

In den Ländern der böhmischen Krone wurden im Laufe des 13. und 14. Jahrhunderts mehrere Konvente gegründet, die zum großen Teil vor 1420 oder während der Hussitenkriege eingingen — Dobřany, Seelau bei Kaaden (Želina u Kadaně), Prag-Altstadt (bei St. Gallus), Saras (Zahražany), Prag-Kleinseite (bei der Maria Magdalenenkirche), Laun (Louny), am längsten hielten sich die Magdalenerinnen in Brüx (Most) (bis 1782).

Ordenstracht: weißer Habit (daher nach der Kleidung auch Weißfrauen genannt), Skapulier, Zingulum und Schleier

Die Annunziatinnen — Cölestinerinnen

Der Orden wurde 1604 von der sel. Maria Vittoria Fornari in Genua in Italien gegründet, von dort breitete er sich in die übrigen Länder Europas aus.

Die Nonnen leben nach der Augustinerregel.

In Böhmen führte die Cölestinerinnen 1736 Franz Anton Graf Sporck ein, als er sieben Ordensschwestern, unter ihnen auch seine älteste Tochter, aus Rottenbuch in Südtirol berief und ihnen sein Schloß in Choustníkovo Hradiště überließ. Von hier wurde der Konvent in die Prager Neustadt in die Heinrichsgasse verlegt, wo er 1782 aufgehoben wurde.

Ordenstracht: weißer Habit mit weißem Zingulum, himmelblaues Skapulier und Mantel in derselben Farbe, schwarzer Schleier

118

Die Ursulinen — Orden der hl. Ursula
(Ordo S. Ursulae)

Der Orden wurde 1535 von der hl. Angela Merici ursprünglich als Frauenvereinigung der hl. Ursula bei der Kirche St. Afra in Brescia in Norditalien gegründet, wo der erste Konvent entstand. Die von der Stifterin verfaßten Satzungen der Vereinigung wurden 1536 vom Bischof von Brescia bestätigt. Eine neue Approbation und besondere Privilegien erlangte die Vereinigung von Papst Gregor XIII. (1576—1585), bei dem sich für sie der hl. Karl Borromäus einsetzte; damals breitete sich die Vereinigung bereits in ganz Italien aus. Papst Paul V. erhob schließlich 1612 die Vereinigung der hl. Ursula zu einem Orden mit der Regel des hl. Augustinus und fügte ein viertes Gelübde hinzu, durch das sich die Schwestern zum Unterricht und zur Erziehung der weiblichen Jugend verpflichteten. Der Orden breitete sich rasch über alle Kontinente aus und umfaßt heute im ganzen 37 verschiedene Ordenszweige.

Die ursprüngliche Aufgabe der Vereinigung der hl. Ursula war die Erneuerung des christlichen Lebens in den Familien und die Ausübung von Werken der christlichen Liebe namentlich bei der Mädchenerziehung und in der Krankenpflege. Der Unterricht und die Erziehung der weiblichen Jugend verlief später an den verschiedenen Typen der Mädchenschulen, an Lyzeen, Gymnasien, Lehrerinnenseminaren, an Musik- und Sprachenschulen, in Pensionaten u. ä., die nahezu bei jedem Ursulinenkonvent entstanden.

Die Ursulinen sind der einzige Orden, deren Generaloberin in Rom residiert. Der Orden ist in Provinzen eingeteilt mit der Provinzialoberin an der Spitze, die einzelnen Konvente leitet die Priorin, die Studentenheime jeweils die Priorin des Studentheims (Priorissa domus studentium), jeder Konvent hat seinen Spiritual und seinen bischöflichen Kommissär. Die Schwestern sind entweder Chorfrauen oder Laienschwestern.

In Böhmen ist der erste Konvent der Ursulinen in Prag-Neustadt im Jahre 1655 als ältester Konvent dieses Ordens auf dem Boden der Habsburger Monarchie entstanden. Weitere Konvente folgten in Prag auf dem Hradschin, in Kuttenberg (Kutná Hora), Böhmisch Skalitz (Česká Skalice), Reichenberg (Liberec), Arnau (Hostinné); im Mähren in Olmütz (Olomouc), Přestavlky bei Prerau (Přerov), in Brünn (Brno) und Freiwaldau (jetz Jeseník). Im Jahre 1929 schlossen sich einige Konvente der römischen Union an und bildeten die tschechoslowakische Provinz (seit 1932 die böhmisch-mährische und die slowakische Provinz).

Wappen: im blauen Feld drei Lilien mit weißen Blüten

Wahlspruch: Sicut lilium inter spinas
Ordenstracht: ursprünglich schwarzer,
jetzt dunkelblauer Habit mit weißem
Rollkragen, Schleier in derselben Farbe; die Laienschwestern und Novizinnen tragen weißen Schleier

Jetzige Adresse:

Římská unie řádu sv. Voršily
Ostrovní 4
110 00 Praha 1-Nové Město

Die Salesianerinnen — Orden von der Heimsuchung Mariä
(Ordo de Visitatione B.M.V.)

Frauenorden, 1610 gegründet vom hl. Franz Sales und der hl. Johanna Franziska Frémiot de Chantal in Annecy in Savojen, 1618 von Papst Gregor XV. bestätigt.

Der Orden von der Heimsuchung ist vor allem ein kontemplativer Orden. In jüngerer Zeit widmen sich die Schwestern dem Krankendienst und der Erziehung der weiblichen Jugend.

Die Konvente der Salesianerinnen sind untereinander selbständig, sie werden von der Priorin geleitet, der Orden hat Chorschwestern und Laienschwestern.

In die Kronländer Böhmens kamen die ersten Schwestern im 19. Jahrhundert aus Lyon und ließen sich kurz in Krummau (Český Krumlov) nieder. Der Konvent in Chotieschau (Chotěšov), 1878 gegründet, wurde von Salesianerinnen aus dem Rheinland besetzt. In diesen Konvent, den einzigen des Ordens in der Tschechoslowakei, traten junge Mädchen aus allen Gebieten unserer Heimat ein. Der Konvent verblieb bis zum Jahre 1950 in Chotieschau (Chotěšov), dann wurde er nach Leitmeritz (Litoměřice) verlegt, 1959 nach Liběšice, zur Zeit leben die Ordensfrauen in Kulm bei Aussig a. d. Elbe (Chlumec u Ústí n. Labem).

Ordenstracht: schwarzer gefältelter Habit und schwarzer Schleier, bei Laienschwestern und Novizinnen weißer Schleier

Jetzige Adresse:
Řád Navštívení P. Marie
Chlumec 74
404 39 Ústí nad Labem

Die Karmelitinnen

(Carmelitae)

Die Karmelitinnen wurden um das Jahr 1452 gegründet. Er richtete sich nach der gemilderten Regel Papst Eugens IV. aus dem Jahre 1432. Die hl. Theresa setzte die Reform des Ordens im Sinne einer Rückkehr zum ursprünglichen strengen Geist des Ordens ins Werk und gründete 1563 in Avila bei San Jose das erste Reformkloster.

Die Reform der hl. Theresa betonte das innerliche, beschauliche Gebet apostolischen Eifer und Marienverehrung sowie den Wert des gegenseitigen Zusammenlebens in der Kommunität und strenge Askese. Auf ihrer Grundlage wuchsen neue Klöster mit einer kleineren Anzahl von Schwestern (21) heran, die auf die strikte Einhaltung der evangelischen Räte bedacht waren und sich ganz dem Dienste Gottes hingaben.

Ordensobere im Karmelitinnenkloster ist die Priorin; der Orden hat Chor- und Laienschwestern; der Ordensname ist eingeführt.

In den böhmischen Kronländern waren in der Vergangenheit nur die unbeschuhten Karmelitinnen — seit 1656 in Prag-Kleinseite bei St. Josef, von 1782—1792 waren sie nach Frauenthal (Pohled) verlegt, von dort kehrten sie 1792 nach Prag zurück, wo ihnen das ehemalige Kloster der Barnabiten bei St. Benedikt auf dem Hradschin zugewiesen wurde. Hier verblieben sie bis zum Jahre 1950. In Böhmen wirkte seit 1897 auch eine Kongregation von Karmelitinnen des

Gottesherzen Jesu, deren Schwestern aus Berlin gekommen waren und ein Waisenhaus in Krupka bei Brüx (Most) gründeten.

Ordenstracht: brauner Habit und Skapulier, weißer Mantel, schwarzer Schleier

Jetzige Adresse:
Řád sester blahoslavené
Panny Marie Karmelské
Brněnská 1418
664 51 Šlapanice u Brna

Řád bosých kamelitek
407 56 Jiřetín pod Jedlovou

123

WEIBLICHE KONGREGATIONEN
UND RELIGIÖSE GEMEINSCHAFTEN

Die Englischen Fräulein

(Institutum BMV Anglicanarum — Institutum BMV)

Die Englischen Fräulein sind die älteste Frauenkongregation, die für den Unterricht und die Erziehug der weiblichen Jugend von der Engländerin Mary Ward zu Beginn des 17. Jahrhunderts gegründet wurde. Zu den ältesten und wichtigsten Häusern gehör-

te das 1626 gegründete Institut in München, von dem aus sich die Kongregation in Europa vebreitete.

Grundlage der von Frauen geleitetem Kongregation sind die Konstitutionen des hl. Ignatius von Loyola, des Stifters der Gesellschaft Jesu. Der Verzicht der Klausur und die apostolische Tätigkeit von Frauen in der Öffentlichkeit, eine i der damaligen Zeit ganz ungewöhnliche Erscheinung, waren Ursache eines langen Ringens um die Anerkennung der Kongregation, die 1631 vom Papst vorübergehend sogar aufgehoben wurde. Eine neue Bestätigung erreichtete die Gemeinschaft erst nach dem Tode von Mary Ward († 1645). Neben dem Apostolat wirken die Englischen Fräulein besonders in der Erziehung in Schulen, in Altenheimen und Krankenhäusern.

Die Kongregation gliedert sich in Provinzen, an deren Spitze die Provinzialoberin steht, die einzelnen Häuser werden von der Oberin geleitet. Nach Österreich kamen die ersten Englischen Fräulein zu Beginn des 18. Jahrhunderts nach Sankt Pölten in Niederösterreich, in Böhmen treten sie 1746 auf und erwerben ein Haus in der Karmelitengasse in Prag-Kleinseite, wo sie 1747 eine Mädchenschule eröffneten. Seit 1783 residierten sie im ehemaligen Karmelitinnenkloster bei St. Josem in Prag-Kleinseite. Nach dem ersten Weltkrieg eröffnete die Kongregation Häuser in Štěkeň, in Svojšice bei Kolín und in Neuern (Nýrsko), wo sie sich wieder der Erziehung der

weiblichen Jugend Widmete, in den letzeten Jahren arbeiteten die Englischen Fräulein vornehmlich in Altenheimen.

Ordenstracht: schwarzen Habit, Zingulum, Schleier, Kurzer Umhang

Jetzige Adrese:
Institut blahoslavené Panny Marie
Domov důchodců
387 51 Štěkeň

127

Barmherzige Schwestern vom hl. Vinzenz von Paul
(Congregatio Sororum Misericordiae S. Vincentii)

Die Kongregation wurde 1634 in Paris vom hl. Vinzens von Paul, dem Stifter der Lazaristen, gegründet. Die erste Gemeinschaft bestand aus sechs Schwestern (fünf arme Mädchen unter Führung der hl. Ludwiga von Marillac) und nannten sich Töchter der Liebe Gottes. Bereits 1655 erlangten sie die Diözesanbestätigung, 1668 folgte die päpstliche Approbation. Außerhalb Frankreichs verbreitete sich die Kongregation schon in 17. Jahrhundert und 1832 ließ sie sich in Wien nieder 1835 wurden für die Kongregation, die Barmherzige Schwestern vom hl. Vinzenz von Paul genannt wurde,

die veränderten Ordensregeln des hl. Vinzenz, gebilligt.

Die Kongregation sieht ihre Hauptaufgabe in der Armen- und Krankenpflege und im pädagogischen Bereich.

In den böhmischen Kronländern treten die Vinzentinerinnen zum erstenmal in der ersten Hälfte des 19. Jahrhunderts aus Wien kommend auf. In Böhmen hatten sie zahlreiche Häuser und Heime, z.B. in Reichenberg (Liberec) in Chudenitz (Chudenice) in Železná bei Taus (Domažlice), in Friedland (Frýdlant), Gabel (Jablonné v Podještědí), Maffersdorf a.d. Neiße (Vratislavice n. Nisou), Laun (Louny), Dobritschan bei Saatz (Dobříčany u Žatce), Loučeň, Wildenschwert (Ústí n. Orlicí) u. a. In Mähren hatten die Vinzentinerinnen Häuser in Pačlavice (seit 1841), Kremsier (Kroměříž), Brünn (Brno) und Zábrdovice. Seit 1920 wurde über die Schaffung einer tschechoslowakischen Provinz mit eigenem Noviziat verhandelt. Diese wurde 1932 definitiv bestätigt. Neben der Kongregation besteht noch ein selbständiger Zweig der Töchter der christlichen Liebe vom hl. Vinzens von Paul.

Ordenstracht: grauer Habit, charakteristisch die weiße Flügelhaube
Jetzige Adresse:
Kongregace Milosrdných sester sv. Vincence de Paul
790 69 Bílá Voda u Javorníka č. 78
Společnost dcer křesťanské lásky sv. Vincenta
Mendrika 1
569 55 Janov u Litomyšle

Barmherzige Schwestern vom hl. Karl Borromäus — Borromäerinnen

(Congregatio Virginum Sororum Misericordiae S. Caroli Borromei)

Die Borromäerinnen sind die drittälteste Frauenkongregation. Sie wurde 1652 von P. Richard Chauvenel in Naney in Frankreich beim Hospital St. Charles gestiftet, wo das erste Haus der Schwestern entstand. Patron der Kongregation ist der hl. Karl Borromäus, von dem sie ihren Namen ableitet. Seit dem 18. Jahrhundert hat sich die Kongregation allmählich nach Italien, Deutschland, Holland und Österreich ausgebreitet und hat zahlreiche Missionen auch in Afrika und in Amerika unternommen.

Hauptaufgabe der Kongregation ist die Arbeit im charitativen Bereich.

Die Anfänge der Kongregation in Böhmen hängen mit dem Eintritt vier junger Mädchen aus Budweis (České Budějovice) ins Noviziat in Nancy zusammen, von wo sie 1837 als erste tschechische Borromäerinnen nach Prag zurückkehrten (das Mutterhaus wurde im Blindenheim in Prag, Bruska, eröffnet, wo es sich von 1837—1843 befand). 1843 gründeten sie unter dem Laurenziberg Kloster mit Karl-Borromäuskirche und mit Krankenhaus (jetzt Fakultätsklinik unter dem Laurenziberg) und mit der Zeit gründeten sie weitere Niederlassungen an verschiedenen Orten in Böhmen und Mähren. Seit 1839 leiteten sie auch das Waisenhaus bei St. Notburga auf der Kleinseite; seit 1843 auch ein Krankenhaus in Prčice. Zur Zeit befindet sich das Mutterhaus der

Borromäerinnen in Znaim — Pöltenberg (Znojmo-Hradiště), die Schwestern sind bereits wieder im Fakultätskrankenhaus unter dem Laurenziberg in Prag tätig.

Ordenstracht: einfaches schwarzes Habit mit schwarzem Schleier
Jetzige Adresse:
Kongregace Milosrdných sester sv. Karla Boromejského
Křížovnická 26
669 02 Znojmo-Hradiště

Arme Schulschwestern von Notre Dame

(Sorores Scholarum Pauperum a Domina Nostra)

Den Orden Notre Dame gründete 1597 in Frankreich der hl. Petrus Fourier und die sel. Alix le Clerc. Die Kongregation wurde in Neunburg vorm Wald in Bayern gegründet. Zur eigentlichen Begründerin wurde die selige Caroline Gerhardinger. Die gesamte Kongregation ist territorial in Provinzen unterteilt und wird zentral von Rom aus geführt. Gegenwärtig wirken die Schwestern in dreißig Ländern in der ganzen Welt.

Die Kongregation erblickt ihre Hauptaufgabe in der Jugenderziehung und in der Betreuung kranker, armer und verlassener Kinder. Grundlage der Spiritualität der Schwestern ist die Achtung vor der Eucharistie und der Jungfrau Maria.

In Böhmen wurde die Kongregation der Schulschwestern de Notre Dame 1848 vom Kaplan Gabriel Schneider gegründet. Die erste Niederlassung mit Schule entstand im kleinen Böhmerwalddorf Hirschau bei Taus (Hyršov), eine zweite in Horaždowitz (Horažďovice), wo sich seit 1854 das Mutterhaus und der Sitz der Generalverwaltung der Kongregation befinden. Seit den fünfziger und sechziger Jahren des 19. Jahrhunderts arbeiteten die Schwestern bereits in mehreren Häusern, in Schulen, Waisenhäusern und Kinderheimen in Böhmen — in Mnichov, Příbram, Žleby, Königgrätz (Hradec Králové), Karlsbad (Karlovy Vary), Reichenberg (Liberec), Heřmanův Městec, Nový Bydžov. Im 20. Jahrhundert entfaltete sich die Kongregation weiter und wirkte erfolgreich namentlich auf dem Gebiet der Erziehung.

Ordenstracht: schwarzer Habit mit weißem Kragen, schwarzes Skapulier und Zingulum, schwarzer Schleier mit weißem Saum

Jetztige Adresse:
Kongregace Školských sester de Notre Dame
Lidická 39
790 70 Javorník U Jeseníka
Chudé školské sestry Matky Boží
Mateřinec Slavkov
790 69 Bílá Voda 60

Barmherzige Schwestern
Unserer Lieben Frau von Jerusalem

Der Ursprung der Barmherzigen Schwestern U. L. Frau von Jerusalem reicht ins 13. Jahrhundert zurück, als sie als zweiter Orden des Deutschritterordens in Jerusalem gegründet wurden mit dem Ziel, an der Betreuung der Pilger ins Heilige Land mitzuwirken. Der Orden ging während der Reformationszeit im 16. Jahrhundert ein. Seine Erneuerung als Kongregation der barmherzigen Schwestern ist mit der Person des Hochmeisters des Deutschen Ritterordens, Erzherzog Maximilian Josef, verbunden, der sie 1841 in Lana in Tirol, jetzt Norditalien, ins Leben rief. Mitbegründer der Kongregation wurde P. Peter Riegler, Professor der Theologie in Trient, der auch die Konstitutionen verfaßte, die 1854 von Papst Pius IX. approbiert wurden.

Hauptmission der Schwestern wurde die Arbeit in den Ordensanstalten, die charitative Tätigkeit in Krankenhäusern, Altenheimen sowie in Waisenhäusern und die erzieherische Arbeit in Schulen. Die Spiritualität der Kommunität wird getragen vom Kreuz, von der Beständigkeit Mariens im Glauben, von der Verehrung der hl. Elisabeth von Thüringen und des hl. Georg.

Gleichzeitig mit dem Mutterhaus in Lana entstand auch die Kongregation der Schwestern in Troppau (Opava), von wo sie sich in mehrere Orte in Mähren und Schlesien ausbreitete.

Häuser und Wirkungsstätten der Kongregation waren in Freudenthal (Bruntál) (hier auch das Noviziat), Engelsberg (Andělská Hora), Würbenthal (Vrbno p. Prad.), Braunseifen (Rýžoviště), Mährisch Neustadt (Uničov) u. a. Die einzelnen Häuser waren im Rahmen einer selbständigen Provinz organisiert mit dem Sitz der Provinzialoberin in Troppau (Opava).

Ordenstracht: schwarzer Habit mit Kreuz an der linken Seite der Brust, Zingulum, weißer Schleier

Jetzige Adresse:
Milosrdné sestry Panny Marie
Jeruzalémské
Školní 124
463 31 Chrastava

131

Schulschwestern vom III. Orden des hl. Franz

(Sorores Scholares Ordinis Sancti Francisci)

Die Schulschwestern wurden 1843 von Antonia Lampl in Graz gegründet. Nach päpstlicher Approbation breitete sich die Kongregation auch in anderen Ländern aus. Die Schwestern arbeiten gegenwärtig in zwei Provinzen in den USA, in einer tschechischen und slowakischen Provinz, in einer italienischen Provinz und in den Missionen in China, in der Südafrikanischen Republik sowie in Indien. Die Generaloberin hat ihren Sitz in Rom.

Hauptaufgabe der Kongregation ist die Erziehung und der Unterricht von Kindern und weiblicher Jugend, die schwestern widmen sich auch körperlich und geistig behinderten Kindern. Als vornehmlich schulische Institution hatte die Kongregation die Leitung von Volks-, Mittel- und Fachschulen.

Die Spiritualität der Kommunität beruht auf den franziskanischen Idealen, die eine Lebensführung nach dem Evangelium betonen.

In Böhmen entstand ein eigener Kongregationszweig, gegründet von Hyazintha und Jakoba Zahalka. Ihr erstes Institut eroffneten die Ordensschwestern 1888 in Slatiňany bei Chrudim, wo sie zuerst einen Kindergarten leiteten. Zu ihren bedeutendsten Schuleinrichtungen in Böhmen gehörten in jüngerer Zeit das Lehrerinnenseminar in Chrudim und das Gymnasium in Prag-Kgl. Weinberge. Ein weiterer Dienst der Schwestern betraf vor allem die Fürsorge körperlich behinderter und verlassener Kinder in Sozialanstalten in Slatiňany, in Budeničky bei Slaný und im Seywalter-Asyl in Prag auf der Insel Kampa, ferner in Brandeis a. a. Elbe (Brandýs n. Labem), in Nymburk und Jungbunzlau (Mladá Boleslav), ferner die Krankenpflege in Krankenhäusern in Hohenmaut (Vysoké Mýto), Podersam (Podbořany) u. a. Gegenwärtig arbeiten die Schwestern in Slatiňany, Budeničky, im Altersheim in Prag-Dejvice und im Erholungsheim der Charitas in Marienbad (Mariánské Lázně).

Ordenstracht: einfaches schwarzes Kleid mit weißem Kragen und schwarzer Schleier mit weißem Rand um den Kopf

Jetzige Adresse: Školské sestry OSF
Fučíkova 153
538 21 Slatiňany

132

Töchter vom Allerheiligsten Erlöser
— Niederbronner Schwestern

Die Kongregation wurde 1849 von Maria Alfonsa Eppinger in Niederbronn im Elsaß gegründet. Gegenwärtig ist sie in fünf Hauptzweige aufge-

teilt, von denen der Preßburger, als Kongregation mit päpstlichem Recht 1919 bestätigte, in der Tschechoslowakei tätig ist (Sitz des Generalates ist seit 1950 in Kláštor pod Znievom).

Die apostolische Tätigket, zu der sich die Schwestern der Kongregation verpflichten, ist vor allem auf den sozialen Bereich konzentriert, auf Unterricht und Erziehung der Jugend, auf Hilf ein der Seelsorge.

Die Häuser in den böhmischen Kronländern gehören zur böhmisch-mährischen Provinz, die Schwestern sind hier in mehreren Häusern und Anstalten in Znaim, (Znojmo) und in Borotín tätig.

Ordenstracht: schwarzer Habit und schwarzer Schleier, Haube und Kragen weiß

Jetzige Adresse:
Kongregace Dcer Nejs. Spasitcle
679 37 Borotín

Die Schwestern-Dienerinnen der unbefleckten Empfängnis der Jungfrau Maria

(Congregatio Sororum Ancillarum Beatae Mariae Virginis Immacullatae Conceptionis — de Silesia)

Die Kongregation wurde 1850 von Edmund Bojanowski in Polen gegründet. Bojanowski ist auch der Autor der Regel für das Ordensleben, die 1866 gebilligt wurde. Kurz darauf breitete sich die Kongregation auch außerhalb des eigentlichen Territoriums des geteilten Polen aus. Gegenwärtig arbeiten die Dienerinnen in sieben europäischen Ländern, in Amerika und in Afrika.

Hauptmission der Kongregation war von Anfang an die Pflege kranker, armer und verlassener Kinder, später erweiterte sich die charitative Tätigkeit auch auf weitere Bereiche, v. a. auf die Arbeit in Krankenhäusern, Altenheimen u. ä. Charakteristisches Wesensmerkmal der Spiritualität der Kongregation ist die dienende Liebe, die auf Demut und Bescheidenheit begründet ist.

Zu uns kamen die Schwestern 1907 und ließen sich in Ludgeřovice bei Ostrau nieder. Später arbeiteten sie auch charitativ in Karviná, Horní Suchá und in Nový Bohumín, wo sie ein Altenheim erbauten und wo sich auch das Provinzialhaus befand. Gegenwärtig leben sie in Starý Bohumín und erneuern ihre Tätigkeit in Ludgeřovice.

Ordenstracht: dunkelblauer Habit mit Kreuz auf der Brust, weiße Haube mit schwarzem Schleier

Jetzige Adresse: Kongregace sester Služebnic Neposkvrněného početí P. Marie Na Koutě 425 735 81 Bohumín

Töchter der Göttlichen Liebe

(Filiae Divinae Caritatis)

Die Kongregation wurde 1868 von Franziska Lechner in Wien gegründet. Das ursprüngliche Ziel war der Schutz der Landmädchen, die auf der Arbeitssuche nach einem Dienst in die Hauptstadt kamen und dortmöglicherweise sittlich gefährdet waren. In der gleichen Absicht der Mädchenfürsorge gründete die Stifterin in zahlreichen größeren Städten der habsburgischen Monarchie weitere Häuser, sogenannte Marieninstitute (Marianum). Allmählich dehnten die Schwestern ihren Tätigkeitsbereich auch auf die Altenfürsorge und die Betreuung verwahrloster Kinder aus.

Die Kongregation wird von der in Rom residierenden Generaloberin geleitet. Gegenwärtig hat die Kongregation 12 Provinzen, die Häuser in den böhmischen Kronländern gehören der 1928 entstandenen Provinz Böhmen an.

Die erste Niederlassung in den böhmischen Kronländern ist 1870 in Troppau (Opava) entstanden, dann folgten weitere in Brünn (Brno), Georgenthal (Jiřetín) und Prag, in jüngerer Zeit in Bergen bei Nikolsburg (Perná u Mikulova), Veltrusy bei Kralup, Horní Počáply, Plumenau (Plumlov), Kunstadt (Kunštát) und Blattendorf (Blahutovice). Nach 1950 waren die Schwestern in Georgenthal in Nordböhmen konzentriert.

Wahlspruch: Alles für Gott, die Armen und unsere Kongregation

Wappen: Symbol der dreicinigen Liebe Gottes — für den Vater drei Strahlen, für den Sohn Kreuz, für den Hl. Geist Taube

Ordenstracht: schwarzer Habit mit weißem Kragen, schwarzer Schleier mit umschlagenem weißen Streifen

Jetzige Adresse:
Kongregace Dcer Božské Lásky
Roosweltova 47
746 01 Opava

Barmherzige Schwestern vom hl. Kreuz zu Ingenbohl
(Sorores Misericordiae a Sancta Cruce)

Die Kongregation gründete 1856 der Schweizer Kapuzinerpater Theodosius Florentini im Verein mit Theresia Scherer. Das Mutterhaus befindet sich in Ingenbohl in der Schweiz, von dort breitete sich die Kongregation in Europa und auf die übrigen Kontinente aus. Gegenwärtig umfaßt sie 15 Provinzen und 4 Vikariate in Europa und Übersee.

Der Inhalt der Tätigkeit wurde vom

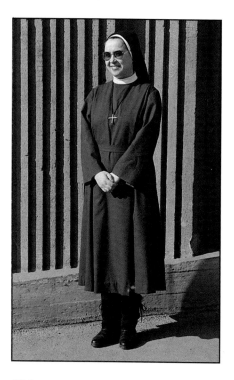

Stifter bereits für das Ingenbohler Mutterhaus festgelegt. Die Schwestern arbeiten in Kranken- und Waisenhäusern, in Altenheimen, sind als Lehrkräfte in Schulen verschiedener Stufen tätig, engagieren sich in den Missionen; während beider Weltkriege wirkten sie aktiv in der Pflege Verwundeter und Kranker. Die Barmherzigen Schwestern bilden eine franziskanisch orientierte Gemeinschaft. Substanz ihrer Spiritualität ist das Geheimnis des Todes und der Auferstehung Christi.

In die Länder der böhmischen Krone wurden die Schwestern durch die Gräfin Luise Sternberg eingeführt, mit deren Hilfe sie ihr erstes Haus in Malenowitz (Malenovice) bei Zlin im Jahre 1872 gründeten. Sei 1874 wirkten sie auch schon in Böhmen. In ihrer Blütezeit hatten sie einige dutzende Häuser. Heute wirken die Schwestern der Kongregation vor allem in Charitasheimen, z. B. in Choryně bei Walachisch-Meseritsch (Valašské Meziříčí) (Sitz der Provinzialverwaltung der mährischen Provinz), in Štípa bei Zlin, in Boršice bei Buchlowitz (Buchlovice) und in Weißwasser bei Jauernig (Bílá Voda u Javornika).

Ordenstracht: schwarzer oder grauer Habit und Kreuzchen der Kongregation

Jetzige Adresse: Kongregace Milosrdných sester Svatého Kříže 756 42 Choryně č. 1

Töchter Marias, der Hilfe der Christen — Salesianerinnen Don Boscos (Mariahilfschwestern)
(Figlie di Maria Ausiliatrice)

Die Mariahilfschwestern wurden 1872 vom hl. Don Bosco und der hl. Maria Dominika Mazzarello im norditalienischen Mornese gegründet. Die Ordensgemeinschaft breite sich rasch in Italien, Frankreich und den übrigen Ländern Europas aus, sie unternahm ferner Missionen nach Südamerika, Asien und Afrika. Sitz der Generaloberin und ihres Rates ist Rom.

Hauptziel der Salesianerinnen ist die Erziehung der weiblichen Jugend, vor allem der ärmsten, die materiell und geistig Not leidet; die Erziehung erfolgt im gleichen Geiste, in dem die Salesianer unter der männlichen Jugend arbeiten. Die Schwestern sind an Schulen aller Stufen, in Internaten und Jugendheimen tätig.

Ihre Spiritualität beruht in einem Leben in Gebet, Arbeit, Demut und im ständigen Streben, das Leben Mariä nachzuahmen.

Noch vor dem Jahre 1950 nahmen die Schwestern ihre Arbeit in der Slowakei auf; in Böhmen und Mähren darf das Jahr 1980 als Beginn ihres Wirkens betrachtet werden. Jetzt sind sie in Prag, Brünn (Brno) und Königgrätz (Hradec Králové) tätig.

Bestandteil der salesianischen Bewegung ist auch ein 1917 in Turin gegründetes Säkularinstitut; ihm gehören Frauen aus dem Laienstande an, die in ihren Familien leben und verschiedene zivile Berufe ausüben. Es ist heute nahezu über die ganze Welt verbreitet, in jüngerer Zeit auch bei uns.

Wahlspruch: Da mihi animas, cetera tolle

Ordenstracht: schwarzer Habit, der sich in Schnitt und Länge der Zivilkleidung nähert; in jüngerer Zeit ändert sich die Farbe auf Grau und auch Weiß

Jetzige Adresse: Kongregace dcer Panny Marie Pomocnice
Vítkova 12
186 00 Praha 8-Karlín

Kongregation der Missionsschwestern — Dienerinnen des Heiligen Geistes
(Servae Spiritus Sancti)

Kongregation der Dienerinnen des Heiligen Geistes von der ewigen Anbetung
(Servae Spiritus Sancti perpetuae adorationis)

Beide Kongregationen entstanden aus Initiative Arnold Janssens, des Stifters der Gesellschaft vom Göttlichen Wort (Verbisten), im Rahmen des sgn. „Steyler Missionswerkes" in Holland. Die erste Kongregation wurde 1889 unter Mithilfe von Maria Stollenwerk, die zweite dann 1896 im Verein mit Josefa Stenmans gegründet. Gemeinsam mit den Verbisten sind beide Kongregationen heute in zahlreichen Ländern tätig, besonders in der dritten Welt.

Hauptaufgabe beider Kongregationen ist ähnlich wie bei den Verbisten die Missionsarbeit im Inland und in Übersee. Die Schwestern entfalten da-rüber hinaus noch weiter Tätigkeiten, beispielsweise als Aushilfe in der Seelsorge, als Ärztinnen oder Pflegerinnen in Krankenhäusern, bedeutend ist auch ihr Anteil in der Erziehung an Schulen oder die Arbeit in sozialen Anstalten, in Böhmen z. B. in der Anstalt für geistig und körperlich behinderte Kinder in Nieder Einsiedel (Dolní Poustevna).

Jetzige Adresse:
Klášter misijních sester
Ivanka
951 12 Nitra
Misijní sestry Ducha Svatého
407 60 Brtníky

138

Kongregation des hl. Franz von der Immerwährenden Hilfe der sel. Jungfrau Maria

(Congregatio Sancti Francisci a Perpetuo Succursu Beatae Mariae Virginis)

Stifterin der Kongregation ist Anna Brunner. Nach den Vorbereitungsarbeiten in Ungarn übersiedelte sie mit den Schwestern nach Mähren, zunächst nach Oderberg und 1905 gründete sie in Ostrau — Oderfurt (Ostrava — Přívoz) eine Anstalt für unheilbar Kranke. Im Jahre 1913 wurde die Kongregation approbiert.

Die Hauptmission der Schwestern ist bereits in den ersten Statuten der Kongregation enthalten: die Betreuung der Kranken in Anstalten für unheilbar Kranke. Darüber hinaus pflegten die Schwestern Kranke auch ambulant zuhause, sie arbeiteten in Krankenhäusern in Oderberg (Bohumín), Orlau (Orlová), Petřkovice, und in Altenheimen in Nová Horka, Hultschin (Hlučín) und Braunseifen (jeztz Rýžoviště). Sie bereiten sich vor, ihre Tätigkeit im ursprünglichen Institut in Oderfurt (Přívoz) wiederaufzunehmen.

Ordenstracht: schwarzer bis zu den Knöcheln reichender Habit, gegürtet mit weißem Strickzingulum mit Rosenkranz, ebenso langes Skapulier, weiße Haube mit schwarzem Schleier

Jetzige Adresse:
Kongregace sester sv. Františka od Blahoslavené P. Marie
Palackého 47
702 00 Ostrava-Přívoz

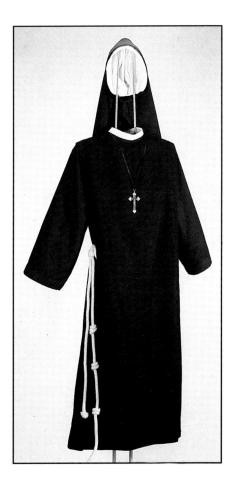

Barmherzige Schwestern vom III. Orden des hl. Franz (in Troppau)

Die Kongregation wurde 1844 in Troppau (Opava) vom Minoritenprovinzial P. Leopold Klose gegründet. Den Stamm der Kongregation bilde-

ten die Tertiarinnen des hl. Franz in Troppau (Opava). Papst Pius X. hat die Kongregation 1912 bestätigt.

Die Schwestern widmeten sich zunächst der ambulanten Krankenpflege, später gingen sie zum Dienst in Spitälern, Krankenhäusern und Sozialanstalten über und dehnten ihre Tätigkeit auch auf Unterricht und Erziehung aus. Sie hatten ihre Niederlassungen in einer Reihe von Orten besonders in Mähren und in Schlesien— Troppau (Opava), Olmütz (Olomouc), Proßnitz (Prostějov), Freudenthal (Bruntál), Sternberg (Šternberk), Römerstadt (Rýmařov), Neustift bei Olmütz (Nové Sady u Olomouce) u. a.; in Böhmen z. B. Náchod, Pardubitz (Pardubice), Nový Bydžov u. a.

Gegenwärtig arbeiten die Schwestern wieder u. a. im Fakultätskrankenhaus in Olmütz (Olomouc), wo sie auch ihr Kongregationshaus erneuern.

Ordenstracht: schwarzer Habit, weiße Haube
Jetzige Adresse:
Kongregace Milosrdných sester
III. řádu sv. Františka v Opavě
Kylešovská 8
746 01 Opava 1

Graue Schwestern vom III. Orden des hl. Franz

(Congregatio Sororum Grisearum III. OSF)

Die Kongregation der Grauen Schwestern wurde 1856 in Prag von den Schwestern Anna und Maria Plaňanská und deren Freundin Franziska Großmann gegründet. Die ersten Statuten verfaßte P. Fr. Havránek, vom Orden der Kreuzherren mit dem roten Stern, die bischöfliche Bestätigung wurde 1862 erteilt, die päpstliche Approbation 1972.

Hauptziel der Schwestern ist die Krankenpflege nicht nur in Krankenhäusern und Pflegeheimen, sondern auch die ambulante Versorgung kranker, alter und verlassener Menschen zuhause. Grundlagen der Spiritualität der Kongregation sind die franziskanischen Ideen eines Lebens nach dem Evangelium und in der Nachfolge Christi im Geiste seraphinischer barmherziger Liebe. Die Schwestern helfen auch in der Seelsorge und in der Erziehung aus, besonders aufopfernd war ihre Tätigkeit in der Pflege Verwundeter in Kriegszeiten.

Nach einem kurzen Aufenthalt auf der Kleinseite in Prag von 1856—1858 erwarben die Schwestern mit Beihilfe von Kardinal Schwarzenberg und der Gräfin Thysobaert ein Haus in der Prager Altstadt mit der angrenzenden St. Bartholomäuskirche, wo sich bis zum Jahre 1950 das Mutterhaus der Kongregation befand. In jüngerer Zeit wirkten die Schwestern besonders in öffentlichen Krankenhäusern, z. B. in Königgrätz (Hradec Králové), Pilsen (Plzeň), Klattau (Klatovy), Schüttenhofen (Sušice), Čáslau (Čáslav), Deutsch-Brod (jetzt Havlíčkův Brod), Kolín u. a. Das Mutterhaus befindet sich z. Z. in Lometz bei Wodňan (Lomec u Vodňan).

Ordenstracht: schwarzer Habit mit grauem Kragen und grauem Mantel
Jetzige Adresse:
Kongregace šedých sester
III. řádu sv. Františka
Lomec 62
387 72 Libějovice

Die Schwestern
der Unbefleckten Empfängnis der Jungfrau Maria

Die Kongregation entstand in der Mitte des vergangenen Jahrhunderts in der Olmützer Erzdiözese durch Verbindung zweier Gruppen von weiblichen Mitgliedern des III. Ordens des hl. Franz in Mährisch Trübau (Moravská Třebová) und in Prerau (Přerov) auf Veranlassung des Erzbischofs von Olmütz Rudolf Thysebaert. Die Gründung der Kongregation bestätigte der Papst Pius IX. 1859.

Die Mitglieder der Kongregation arbeiten von Beginn an im Bereich der Erziehung, halfen bei der Seelsorge und in sozial charitativen Bereichen aus.

Seit 1950 wirkten sie in Prerau (Přerov), in Šírava (Mutterhaus), in Uherský Brod, in Mährisch Trübau (Moravská Třebová), Sternberg (Šternberk), Brünn (Brno), Olmütz (Olomouc), in Prag-Krč (Praha-Krč), und auf dem Hl. Hostein (Sv. Hostýn) und an einigen Stellen in der Slowakei. Gegenwärtig siedeln die Schwestern in einem charitativen Heim in Grulich (Králíky pod Kralickým Sněžníkem), wo sie sich um den marianischen Wallfahrtsort, den Muttergottesberg (Hora Matky Boží) kümmern.

Ordenstracht: brauner Habit, Arbeitskleidung schwarz oder weiß.

Jetzige Adresse: Kongregace Sester Neposkvrněného početí Panny Marie (III. řádu)

561 69 Králíky II/1

Schwestern vom Allerheiligsten Sakrament

Die Kongregation wurde 1871 von Magdalena Christiana Šebestová in Budweis gegründet, wo das Mutterhaus entstand und 1905 die Herz-Jesu-Kirche erbaut wurde. Die definitive päpstliche Approbation erhielt die Kongregation 1948.

Die Schwestern widmen sich dem Unterricht und der Jugenderziehung, der Betreuung alter und körperlich und geistig behinderter Menschen. Die bedeutendste Wirkungsstätte der Kongregation war Budweis (České Budějovice), wo die Schwestern an Schulen aller Stufen unterrichteten und gegenwärtig am bischöflichen Konsistorium tätig sind. Zur Zeit leben sie in Charitasheimen in Dolní Albeřice, in Albrechtice bei Landskron (Lanškroun) und arbeiten im Pflegeheim in Anenská Studánka bei Landskron (Lanškroun).

Ordenstracht: schwarzer Habit, Zingulum, Skapulier und Schleier
Jetzige Adresse:
Kongregace sester Nejs. Svátosti
Dolní Albeřice 1
542 26 Horní Maršov

Kongregation der Barmherzigen Schwestern vom III. Orden des hl. Franz unter dem Schutz der hl. Familie

Die Kongregation wurde 1886 in Brünn (Brno) von Bernardina Hošková gemeinsam mit dem Brünner Bischof Franz Sales Bauer gegründet, der 1902 die ersten Statuten verfaßte. Ein großen Wohltäter der jungen Kongregation war der Präses der Roten Kreuzes, Felix Graf Vetter von der Lille.

Die Kongregation hat sich die Krankenpflege zum Ziel gesetzt, die sie anfangs ambulant in den Wohnungen betrieb, innerhalb kurzer Zeit jedoch bereits im Krankenhaus bei St. Anna in Brünn (Brno). Die Krankenpflege dehnte sie bald auf weitere Krankenhäuser und Sozialanstalten in Mähren und auch in Böhmen aus — Mährisch Trübau (Moravská Třebová), Drnovice bei Vyškov, Trebitsch (Třebíč), Iglau (Jihlava), Gewitsch (Jevíčko) und Gitschin (Jičín) in Böhmen, später auch Velký Újezd bei Budwitz (Velký Újezd u Moravských Budějovic) und Wischenau bei Znaim (Višňová u Znojma) u. a. Seit 1890 hat-

te die Kongregation ihre Hauptniederlassungen in dem Brünner Kloster, zu dem 1902 die Kirche der Heilige Familie gebaut wurde und 1936 eine Pflegeschwesternschule des Ordens eingerichtet wurde. 1930 baute die Kongregation ein Exerzitienhaus und bei Tischnowitz (Tišnov) ein Erholungshaus für die Schwestern mit dem Namen „Na krásné Žernůvce". Zu den letzten Jahren arbeiteten die Schwestern in mehreren sozialen Einrichtungen für geistig behinderte Menschen und in Altenheimen. Ihre Opferbereitschaft und ihren Mut bewiesen die Schwestern besonders im ersten Weltkrieg, als sie direkt auf den Schlachtfeldern und in Feldlazaretten arbeiteten.

Ordenstracht: schwarzer Habit, Ausgangskleidung grau
Jetzige Adresse:
Kongregace milosrdných sester III. řádu sv. Františka
pod ochranou Sv. Rodiny

Tschechische Kongregation der Dominikanerschwestern

Kongregation von der sel. Zdislava

(Congregatio Sororum B. Zdislavae III. O. S. Dominici)

Die tschechische Kongregation der Dominikanerschwestern wurde im 19. Jahrhundert auf Anregung der Olmützer Dominikaner gestiftet. Durch Vereinigung von Laientertiarinnen und vier Dominikanerinnen tschechischer Nationalität, die aus der Steiermark berufen wurden, entstand 1889 in Řepčín bei Olmütz (Olomouc) das erste kleine Kloster. Als Patronin wählte die Kongregation die sel. Zdislava.

Ziel der Kongregation war von Anfang an der Unterricht und die Erziehung der weiblichen Jugend sowie die Tätigkeit in charitativen Anstalten. Schon im Jahre 1889 wurde eine Volksschule und kurz darauf in Řepčín auch ein rein tschechisches Lehrerinnenseminar eröffnet, das erste dieser Art in den Kronländern Böhmens. Die Schwestern unterrichteten in Volks-und Berufsschulen, in Ordensgymnasien, arbeiteten in Kinder- und Altenheimen sowie in weiteren Sozialeinrichtungen. Im Jahre 1948 besaß die Kongregation in der Tschechoslowakei nahezu dreißig Wirkungsstätten, die Schwestern waren ferner in Amerika tätig. Nach 1950 ließ man die Schwestern nur in einigen Sozialanstalten, die andern wurden auf die verschiedensten Arbeitsplätze, vornehmlich in Nordböhmen, verteilt. Zur Zeit sind sie in der erzbischöflichen Residenz in Olmütz (Olomouc) und im Priesterseminar in

Olmütz (Olomouc) tätig, andere leben in Charitasheimen in Braunau (Broumov) und in Kaaden (Kadaň). Kleine Kommunitäten existieren in Gabel (Jablonné v Podještědí), in Brünn (Brno) und in Podivice.

Als selbständige Organisation existieren z. Z. das regulierte Institut der Schwestern des hl. Dominikus und das Säkularinstitut Werk der seligen Zdislava, das 1946 gegründet wurde und sich in den Jahren 1946—1948 der Ausbildung von Katechetinnen am Pädagogisch — katechetistischen Institut „Zdislava" in Leitmeritz (Litoměřice) sowie der charitativen Tätigkeit in Leitmeritz (Litoměřice), in Hradec bei Stod und im Holýšov in Westböhmen widmeten.

Ordenstracht: weißer Dominikanerhabit, die Mitgliederinnen des Säkularinstituts tragen Zivilkleidung

Jetzige Adresse:
Česká kongregace sester dominikánek
Husova 537
687 71 Bojnice
Řeholní institut rozjímavých sester sv. Dominika
Lysolajské údolí 106/21
165 00 Praha 6 — Lysolaje
Sekulární institut
Dílo blažené Zdislavy
Jesuitská 14
412 01 Litoměřice

Kongregation der Pramonstratenserinnen-Schwestern vom Heiligen Berg

(Congregatio sororum Praemonstratensium de Sacro Monte)

Die Prämonstratenserinnen—Schwestern, die gegenwärtig in unserem Gebiet wirkten, eigentlich wie Kongregation vom III. Orden des hl. Norbert

1902 auf dem Heiligen Berg bei Olmütz (Svatý Kopeček u Olomouce) vom Strahover Prämonstratenser Vojtěch Frejka gestiftet wurde. Die ersten Schwestern der geistliche Formation in Prämonstratenser Kanonissen Kloster in Krakau.

Im Jahre 1931 wurde in Heiligen Berg ein neues Mutterhaus und später ein Exerzitienhaus erbaut. Andere Häusern Schwestern in Prag Střešovice, Dolany, Turnau (Turnov), Raudnitz (Roudnice n. L.), Humpolec, Tábor und Prostějov hatten.

Die Prämonstratenserinnen Kommunitäten verbiden ihre kontemplative Ausrichtung, einschließlich liturgischer Gebete mit apostolischer und sozialer Arbeit, in der Hilfe bei der Seelsorge und in Sozialen Einrichtungen, und in der Slowakei auch in Schulwesen.

Im Jahre 1939 wurde die Kongregation in zwei Provinzen aufgeteilt, in eine böhmisch-mährische und eine slowakische; in dieser Form besteht sie bis heute.

Ordenstracht: weißer Habit und weißer Schleier

Jetzige Adresse:
Kongregace sester premonstrátek
790 60 Bílá Voda u Javorníka

Schwestern vom III. Orden des hl. Franz unter dem Schutz des Erzengels Raphael

Die Kongregation wurde 1907 vom Priester Kaspar Dunda gegründet als religiöse Gemeinschaft zur Verwaltung der neueröffneten Wasserheilanstalt in Moravec auf der Böhmischmährischen Höhe. Die Satzungen der Gemeinschaft wurden 1910 vom Brünner Bischof bestätigt.

Hauptaufgabe der Schwestern war die Krankenpflege in der Anstalt in Moravec, später dehnten sie ihre Tätigkeit auch auf andere Sozialeinrichtungen aus — Waisenhäuser, Kinder- und Altenheime u. a. Die Schwestern arbeiteten auch in Krankenhäusern und in einer Wohlfahrtseinrichtung in Jarmeritz (Jaroměřice n. Rokytnou). Die Spiritualität der Kongregation ist franziskanisch — beschaulich aktiv und stark auf Christus bezogen.

Nach 1950 arbeiteten die Schwestern zumeist in Altenheimen, gegenwärtig lebt ein Großteil der Schwestern im Charitasheim in Weißwasser bei Jauernig (Bílá Voda u Javorníka).

Ordenstracht: brauner Habit und schwarzer Schleier

Jetzige Adresse:
Kongregace sester III. řádu
sv. Františka pod ochranou
sv. Rafaela archanděla
790 69 Bílá Voda u Javorníka

Kongregation der Trösterinnen vom Göttlichen Herzen Jesu — Trösterinnen

(Sorores Consolatrices Divini Cordis Jesu Patientis)

Die Kongregation der Trösterinen entstand im Jahre 1914 in Brünn aus der Initiative Růžena Barbara Vojtěchová, die durch Bischof Pavel Huyen unterstützt wurde. Die Bewilligung zu ihrer Stiftung gab der Papst Pius X. im Jahre 1915 und im Jahre 1916 wurde in Brünn (Brno) das erste Mutterhaus gegründet.

Zur Hauptmission der Schwestern wurde die Pflege um die Kranken in den privaten Häusern, später verbreiteten sie ihre Tätigkeit auch in die Krankenhäuser und Altersheime. Während des ersten Weltkrieges halfen sie bei der ärtzlichen Behandlung um die Kranken in den Militärlazerreten aus. Neben der Füllung der charitativen Aufgaben führen die Schwestern ein komtemplatives Leben. Der Grund ihrer Spiritualität ist die Versöhnung, ihres Wesens das Opfer und das Leiden aus der Liebe zum Christus ist.

Aus Brünn verbreitete sich die Kongregation auch in die weiteren grösseren Städte in Böhmen und Mähren. Sie wirkteten in Prag in der Neustadt, weiter in Kolin an der Elbe (Kolín), Poděbrady, Vyškov u.a., schon im Jahre 1924 begannen sie mit dem Ausbau eines neuen Mutterhauses in (Rajhard u Brna), bei dem die Kirche des Göttlichen Herzens Herrn gebaut wurde. Von hier unternahmen sie auch dei ausländischen Missionen. Heute wirken die Schwestern hauptsächlich in der Slowakei (Preßburg), weiter leben sie auch im Charitenheim in Jiřetín pod Jedlovou und Brünn.

Ordenstracht: schwarzes Habit mit Ledergürtel umgürtet, Skapulier, Rosenkranz, die Professinen haben dazu schwarzen Schleier, Ring und Medaille

Jetzige Adresse:
Kongregace Těšitelek
Božského Srdce Ježíšova
Křížova 277
407 56 Jiřetín pod Jedlovou

Kongregation der Schwestern von den hll. Cyrillus und Methodius — Cyrillschwestern
(Congregatio Sororum a SS. Cyrillo et Methodio)

Die Kongregation konstituierte sich aus einer ursprünglichen Laienvereinigung der Hll. Cyrillus und Methodius, die der Verein mährischer katholischer Lehrerinnen gegründet hatte. Mit der Vorbereitung der Konstituierung der Kongregation beauftragte der päpstliche Stuhl im Jahre 1927 den damaligen tschechoslowakischen Minister Msgre Jan Šrámek; die Gründung wurde 1928 vom Olmützer Erzbischof durch ein formales Dekret bestätigt.

Die Kongregation der Schwestern v. d. Hll. Cyrillus und Methodius ist eigentlich das Ergebnis der Bemühungen um eine Wiederbelebung der Verehrung der Hll. Cyrill und Methodius, deren Mittelpunkt das ehrwürdige Welehrad war, wo ursprünglich auch der Hauptsitz der Schwestern entstehen sollte. Die Mitgliederinnen der Kongregation haben sich Gott geweiht durch die Gelübde des Gehorsams, der Keuschheit und der Armut und verpflichteten sich zu einem gemeinsamen schwesterlichen Leben und zur Beteiligung an der apostolischen Mission im Geiste einer Annäherung der slawischen Christen und der Fortsetzung im Vermächtnis ihrer beiden Patrone Cyrill und Method. In dieser Richtung erfolgte auch die Tätigkeit der Kongregation in der Erziehung der weiblichen Jugend an Schulen aller Stufen; die Schwestern widmeten sich ebenso auch der charitativen Arbeit in Einrichtungen des Gesundheitswesens und in Sozialanstalten und nahmen auch Aufgaben in den Missionen auf sich.

Das Haupthaus der Kongregation wuchs seit 1925 auf den Grundstücken des Augustinerklosters von Alt-Brünn, im Jahre 1928 eröffneten die Schwestern in Brünn (Brno) ein humanistisches Gymnasium für Mädchen. Vor dem zweiten Weltkrieg und in den Jahren 1945—1948 wirkte die Kongregation in Exerzitienhäusern, sozialen Einrichtungen, in Altenheimen und an Schulen verschiedener Typen in Welehrad (Velehrad-Stojanov), in Brünn (Brno), Neureisch (Nová Říše), Proßnitz (Prostějov), Prag, Leitmeritz (Litoměřice), Altbunzlau (Stará Boleslav), Reichenberg (Liberec), Marienbad (Mariánské Lázně) sowie an weiteren Orten auch in der Slowakei.

Ordenstracht: schwarzer Habit und Schleier, silberne Doppelkreuz
Jetzige Adresse:
Kongregace
sester sv. Cyrila a Metoděje
Bílého 9
602 00 Brno

Das Apostolat des Franziskaner-Säkularordens

Das Apostolat ist aus Initiative des Prager Priesters P. Jan Ev. Urban aufgrund der Enzyklika „Ubi arcano" Papst Pius XI. aus dem Jahre 1927 entstanden, die zum Apostolat der Laien aufrief. Im Jahre 1927 machte P. Urban die Teilnehmer einer Tagung der Tertiaren auf dem Heiligen Berg mit der Enzyklika bekannt und später verfaßte er die Regeln der neuen Gesellschaft, die 1933 von den Bischöfen von Böhmen und Mähren bestätigt wurden. Urbans Ideen erfüllten seit 1929 einige Schwestern, die ein gemeinsames Leben in einem kleinen Haus bei der St. Wenzelskirche in Prag-Dejvice aufnahmen, das zum Mutterhaus des Apostolates wurde. Der größte Teil der Schwestern verblieb im Zivilberuf und lebte in Privatwohnungen, die über die ganze Republik zerstreut waren; gemeinsame Zusammenkünfte fanden mehrmals im Jahr statt.

Das Apostolat ist von Anfang an auf die Tätigkeit im Privatbereich der Familien und Haushaltungen ausgerichtet, wobei auf den Dienst und die Hilfe kranken, bedürftigen und notleidenden Menschen Gewicht gelegt wird. In diesem Geiste arbeiteten die Schwestern schon vor dem zweiten Weltkrieg besonders an der Peripherie von Prag und in den Vorstädten weiterer Großstädte mit besonders komplizierten sozialen Verhältnissen.

Die Schwestern legen die evangelischen Gelübde der Keuschheit, der Armut und des Gehorsams ab und haben die gleichen Ordenspflichten wie andere Ordensfrauen. In ihrem Wirken lebt die ursprüngliche Idee des hl. Franz neu auf — das Evangelium in der Welt auf nichtklösterliche Art leben, d. i. der Welt entsagen, aber in ihr bleiben. Der innere Gehalt der Schwestern des Apostolats ist die Versöhnung mit dem Herzen Jesu, dies vor allem statt der Priester und für die Priester, um für sie Gnaden in ihrem wichtigen Dienst zu erflehen. Für das beschauliche Leben haben die Schwestern ihre Tagesordnung mit der für das gemeinsame Gebet und die Betrachtung, für die Anbetung und das Studium vorbehaltenen Zeit.

Dem Apostolat gehören auch die Mitgliederinnen des Franziskaner-Säkularordens an, die sich Schwestern nennen und mit dem Apostolat durch „das Gelöbnis guten Willens" verbunden sind. Aus verschiedenen Gründen weihen sie sich nicht ganz, aber sie helfen im apostolischen und pastoralen Dienst aus.

Ordenstracht: eine Ordenskleidung ist nicht eingeführt, die Schwestern tragen einfache Zivilkleidung, bis 1950 trugen sie einen braunen Schleier, den sie jetzt nur gelegentlich benützen

Jetzige Adresse:
Apoštolát františkánského
sekulárního řádu
Proboštská 3/4
160 00
Praha 6-Dejvice

150

In den Ländern der böhmischen Krone waren im 19. und 20. Jahrhundert auch einige weitere v.a. weibliche geistliche Ordens. Kongregation und — Gemeinschaften verschiedenr Herkunft und Entstehungszeit (siehe Tabelle), die entweder undterginger oder ihr Wirken einstellen und es um wieder erneuern. Diesen werden kirchliche Institutionen zugeordnet, die in jüngster Zeit namentlich im Ausland gegründet wurden und im Inhalt ihrer Mission auf die aktuelle Botschaft der Kirche und auf neue, mit der Entwicklung der Zivilisation verbundene Sozialprobleme reagieren. Die Mitgliederinnen solcher Institutionen haben ihre Tätigkeit meist den Ländern und dem Milieu angepaßt.

Unter den älteren Orden dürfen z.b. die Basilianerinnen genannt werden, der einzige Orden des östlichen, griechisch-katholischen Ritus in unserem Land, der überhaupt zu den ältesten Orden gehört. Von den älteren Kongregationen darf man z. B. die Ordensfrauem vom heiligsten Herzen Jesu (Sacré Coeur) anführen, die 1800 in Paris gegründet und seit 1872 in Prag-Smíchov ein Kloster hatten, weiter die Schwestern der christlichen Liebe mit der ursprünglichen Mission, für Blinde zu sorgen, die nach 1874 bei uns Häuser in Tetschen (Děčín), Veltrusy und Slavkov habten; oder die Schwestern der Hl. Hedwigs, die sich 1859 in Breslau zusammenfanden, und 1878 von dem Olmüzer Erzbischof nach Nezamyslice berufen wurden (nach 1900 wirkten sie auch in Böhmen). Bei uns richteten sie sich eine eigenständige Provinz mit einundzwanzige Häu-

ser ein. Sie konzertrierten sich auf die Arbeit in Waisen hausern, Pflegenheimen und Spitälern. In jüngster Zeit nehmen ihre Tätigkeit in unserem Lande z. B. die Missionarinnen der Liebe, die Schwestern der Mutter Theresa von Kalkutta, oder die Kleinen Schwestern der Armen von Charles Foucauld auf.

Von kirchlichen Institutionen, die im vorliegenden Katalog nicht unter einem selbständigen Stichwort angeführt sind, aktivisieren oder nehmen ihre Tätigkeit (zum 7. 2. 1991) folgende auf:

Die Missionarinnen der Liebe (Schwestern der Mutter Theresa) Na Zátorce 2 160 00 Praha 6

Die Kongregation
der Schwestern der hl. Hedwig
Charitní 26
251 62 Mukařov
Die Kleinen Schwestern Jesu
von Charles Foucauld
Mierová 97
821 05 Bratislava

Schwestern von sel. Jungfrau Maria
von Karmel
Brněnská 1418
664 51 Šlapanice u Brna
Das Laieninstitut
der Schwestern Mariens
Nad Koulkou 11
150 00 Praha 5-Smíchov

DANKSAGUNG

Es ist mir eine erfreuliche Pflicht, all jenen zu danken, die an der Verwirklichung dieser Publikation beteiligt waren. Es ist nicht möglich, alle einzeln beim Namen zu nennen, dafür würde wohl der Platz nicht ausreichen. Besonderer Dank gilt jedoch vor allem den Oberen aller Orden und Kongregationen, sowohl der männlichen als auch der weiblichen, ohne deren Hilfe es uns nicht gelungen wäre, alle erforderlichen Materialien zusammenzutragen. Diese Publikation ist im Grunde in ihrer Art ein erster Schritt dazu, daß unsere Öffentlichkeit mehr über Struktur und Leben der Ordensgemeinschaften erfährt.

Michael Josef Pojezdný, O. Praem.
Abt von Strahov

Auswahl der wichtigsten Literatur

Bílek T. V., Statky a jmění kolejí jesuitských, klášterů, kostelů, bratrstev a jiných ústavů v království Českém od císaře Josefa II. zrušených (Güter und Besitz der von Kaiser Josef II. im Königreich Böhmen aufgehobenen Jesuitenkollegien, Klöster, Kirchen, Bruderschaften und anderer Institute), Praha 1893

Bohemia sacra. Das Christentum in Böhmen 973—1973, hrsg. von F. Seibt, Düsseldorf 1977

Fiala Z., Přemyslovské Čechy. Český stát a společnost v letech 995—1310 (Das přemyslidische Böhmen. Der böhmische Staat u.die Gesellschaft in den Jahren 995—1310), Praha 1965

Fiala Z., Předhusitské Čechy 1310—1419, Praha 1968

Heimbucher M., Die Orden und Kongregationen der katholischen Kirche I.—III., 2. Aufl., Paderborn 1907—1908

Hobzek J., Kláštery v českých zemích z hlediska památkové hodnoty, (Die Klöster in den Ländern Böhmens vom Gesichtspunkt ihres Denkmalwertes aus), Praha 1987

Jirásko L., Kláštery ve městech v Čechách a na Moravě ve 13. století (Klöster in den Städten in Böhmen u.Mähren im 13.Jhdt.), Hospodářské dějiny 4, Praha 1979

Kadlec J., Přehled církevních dějin českých I.—II., (Übersicht der Kirchengeschichte Böhmens), Praha 1977

Kuthan J., Počátky a rozmach gotické architektury v Čechách (Anfägnge u.Entfaltung der gotischen Architektur in Böhmen), Praha 1983

Merhautová A., Třeštík D., Románské umění v Čechách a na Moravě (Romanische Architektur in Böhmen u.Mähren), Praha 1983

Němec J., Rozvoj duchovních řádů v českých zemích, Řím 1988

Neumann A., Z dějin českých klášterů do válek husitských (Aus der Geschichte der böhmischen Klöstern bis zu den Hussitenkriegen), Praha 1936

Novotný V., České dějiny I.—IV. (Böhmische Geschichte), Praha 1912—1937

Prutz H., Die geistlichen Ritterorden, Berlin 1908

Řeholní život v církvi (Das Ordensleben in der Kirche); Elementarinformationen über einzelne Orden u.Kongregationen in der periodisch erscheinenden Zeitschrift Katolický týdeník, Verlag der Česká katolická charita, Jahrgang 1—2, 1990—1991

Říčan R.,—Molnár A., Dvanáct století církevních dějin (Zwölf Jahrhunderte Kirchengeschichte), Praha 1973

Sommer P., České kláštery 10.—13. století ve světle archeologických výzkumů (Böhmische Klöster des 10.—13. Jhdts. im Licht der archäologischen Forschungen), Archaeologia historica 3,1978, S.337—345

Svátek J., Organizace řeholních institucí v českých zemích a péče o jejich archivy (Die Organisierung der Ordensinstitutionen in den Ländern Böhmens u. der Schutz ihrer Archive), Sonderbeilage der Zeitschrift Sborník archívních prací, Jg.XX, 1970, Nr.2,S.503—624

Žák A., Österreichisches Klosterbuch, Statistik der Orden und Kongregationen der katholischen Kirche in Österreich, Wien u.Leipzig 1911

LO SVILUPPO DEGLI ORDINI E DELLE CONGREGAZIONI RELIGIOSI NEI PAESI CECHI

L'inizio degli ordini religiosi sul territorio boemo è strettamente collegato al consolidamento dell'alto medioevo ceco alla fine del X secolo e al diffondersi, ai tempi di Premysl, del cristianesimo in Boemia, fino ad allora prevalentemente pagana. Quasi contemporaneamente alla nascita del Vescovado di Praga, nell'anno 973, fu fondata, al Castello di Praga, nella chiesa di San Giorgio, l'istituzione più antica: il Convento delle Benedettine. L'evento costituì nel Paese il primo passo verso l'ideale di vita monastica occidentale facendo intuire da subito le straordinarie potenzialità dell'istituzione. La divulgazione del cristianesimo fu compito primario delle nuove comunità monastiche, unicamente Benedettine fino a quasi la metà del XII secolo cui si affiancarono, a partire dagli anni 40, conventi degli ordini Premonstratensi e Cistercensi e, dopo la seconda metà del secolo, quelli dei Cavalieri e dei Crociferi.

Il cristianesimo occidentale fu dunque predicato in origine dai Benedettini il più antico convento dei quali fu fondato nel 993 dal duca Boleslao II e dal secondo Vescovo di Praga, S. Adalberto. Nel corso di XI e XII secolo altri conventi furono colonizzati dai Benedettini, quali Ostrov, Sázava, Rajhrad, Klášterní Hradisko presso Olomouc, Třebíč, Opatovice e altri ancora. Ruolo particolare ebbe il Convento di Sázava, attivato nel 1032 forse da San Procopo, originario di nobile famiglia. Vi si svolsero, per un lungo periodo, avvenimenti letterari e culturali di rilievo e riti slavi concilianti il mondo locale sia con le antiche tradizioni cirillo metodiste che con la nuova corrente latina.

L'arrivo di ulteriori ordini nel paese coincide con le nuove idee della chiesa romana e il suo programma emancipante formulato nel corso del grande concilio laterano del 1139. Tale programma non tardò a trovare risonanza presso le alte gerarchie religiose, segnatamente nella persona del Vescovo di Olomouc, Jindřich Zdík. I suoi sforzi per fondare in Boemia un nuovo ordine culminarono nell'edificazione del primo convento premonstratense di Praga, a Strahov, nel quale a partire dal 1143 si stabilirono i monaci renani della canonia di Steinfeld. Secondo le volontà dei fondatori, il convento doveva diventare centro dei movimenti di riforma. Poco dopo, alla presenza del Vescovo di Praga, Daniel, un secondo convento sorse a Želiv cui seguirono quello di Klášterní Hradisko presso Olomouc, di Milevsko, di Louka presso Znojmo e di Teplá nonché altri monasteri di religiose. Pressoché contemporaneamente, compaiono sulle terre boeme i primi conventi cistercensi, favoriti inizialmente soprattutto dalle famiglie patrizie.

Normalmente, alla fondazione, venivano donati ai conventi, interi paesi, terreni, fattorie, maestranze e doni pecuniari. Grazie quindi alle loro attività economiche e coloniali, le fabbriche conventuali fiorirono e prosperarono singolarmente al punto di detenere alla fine del XII secolo, le maggiori proprietà terriere del paese.

I primi monasteri benedettini, premonstratensi e cistercensi marcarono evidentemente il volto esterno del territorio. Ogni convento era una ingeniosa composizione di edifici destinati alle varie mansioni, spesso maestosamente inseriti nel paesaggio e nel suo rilievo. I conventi, dal XI al XIV secolo, diventarono per la loro architettura, parte integrante del patrimonio artistico del Paese, molti dei quali ammirabili ancora oggi. Le fabbriche più antiche coincisero con lo sviluppo del romanico e del gotico in Boemia. Secondo gli studi più recenti, pare che fino alla metà del XII secolo, i monaci risiedessero in case fittizie di legno in quanto ogni attenzione veniva assorbita dall'edificazione delle chiese conventuali, superbe creazioni architettoniche del tempo. Soltanto dalla seconda metà del secolo aumenta il numero delle fabbriche monastiche in pietra. La realizzazione della fabbrica premonstratense di Strahov, portata a termine già negli anni 70 dello stesso secolo, fu esempio particolarmente riuscito di un complesso di edifici monastici. La Basilica, costruita contemporaneamente, dotata di tre navate, di cui una trasversale ad est, con tre absidi sullo stesso piano e il frontale con due torri a ovest, fu riconsacrata nel 1182. Le più importanti testimonianze di architettura monumentale dell'epoca furono, in Boemia, i conventi cistercensi. Della seconda metà del XII secolo ad esempio, è rimasto ben conservato il nucleo più antico della chiesa conventuale di Plasy. Elementi gotici sono evidenti nelle importanti fabbriche cistercensi a Velehrad, a Osek, a Nepomuk e in particolare a Tišnov, dove il portale occidentale della chiesa, con il grande timpano figurato con statue degli apostoli, leoni e la ricca decorazione con motivi vegetali, rappresenta uno straordinario evento figurativo nel panorama artistico dell'Europa centrale contemporanea. Alla fine del XIII secolo e all'inizio del XIV, i Cistercensi arricchirono l'architettura ceca di altri monumenti preziosi sotto il profilo artistico: segnatamente a Sedlec, a Vyšší Brod, a Zlatá Koruna etc.; magnifica nella seconda metà del XIV secolo fu la chiesa delle monache Cistercensi edificata a Staré Brno. Numerose di queste costruzioni sono oggi preziosi tesori della nostra eredità culturale.

Nel XIII secolo, in periodo feudale, le istituzioni monastiche conoscono in Boemia il loro massimo sviluppo. Elemento peculiare a questo processo è il fatto che le comunità sorgessero soprattutto nel tessuto urbano. La ricognizione numerica dei conventi fondati in Boemia e in Moravia fino al 1300, conta oltre 180 istituzioni di cui il 70% sorte nel XIII secolo, prevalentemente nelle città o nelle immediate periferie. Nel XIII secolo si propagarono numerosi nuovi ordini religiosi. Rapportato allo sviluppo precedente, vi fu una marcata diminuzione di conventi benedettini e premonstratensi. Dalla metà del XII secolo diventa invece sempre più rilevante la presenza di ordini cavallereschi, la cui nascita è in rapporto con le crociate in Terra Santa durante XII e XIII secolo, alle quali presero frequentemente parte anche combattenti dalla Boemia e Moravia. E' sempre in questo periodo che si affermano gli ordini Crociferi primo dei quali, a radicare in Boemia, fu quello di San Giovanni Gerusalemo detto Giovannita, godendo dei favori di Vladislao II. Proprio per iniziativa dei suoi consiglieri, il primo convento giovannita fu fondato a Praga, nei pressi del Ponte di Giuditta (oggi Ponte Carlo). Le istituzioni religiose dell'ordine, operanti nel grande Priorato fino al XX secolo, sono quanto rimane oggi di una grande quantità di commende, conventi e amministrazioni ecclesiastiche dell' Antico Priorato ceco dell'ordine giovannita, la nascita del quale risale al periodo precedente al 1420. La sua giurisdizione mutava in continuazione ma divenne stabile fra il XIII e XIV secolo arrivando ad includere, oltre ai paesi cechi e moravi, la regione di Tesin, la Slesia, l' Austria, la Stiria, Korutany, Kransko e il Tirolo.

L'ordine dei Cavalieri tedeschi costituito nel 1198 con compiti prevalentemente evangelici e difensivi, si diffuse a Praga dopo il 1200 e fu appoggiato dal governante del paese e dalla nobiltà. Gli antichi baili, includenti Boemia, Moravia e Slesia, comprendevano prima del 1420 una grande quantità di commende, ospedali e parrocchie e furono sciolti durante le guerre ussite. A partire dal XVII secolo l'ordine si rese stabile soprattutto sul territorio di Moravia e Slesia. In seguito allo scioglimento dell' ordine in Germania dopo il 1815, mantenne tuttavia stabili le proprie posizioni nei paesi retti dalla dominazione asburgica dal quale fu riformato nel 1840. Sede del Sommo Maestro fu eletta la città di Bruntál. Oltre ai Cavalieri tedeschi e ai Giovanniti fecero la loro comparsa nel 1330 in Boemia anche i Templari e in Moravia intorno alla metà del XIII secolo i Cavalieri dell' ordine di Santo Spirito le cui istituzioni prosperarono fino al XVI.

Alla fine del XII secolo arrivarono nel paese gli ordini della Croce. Verso 1188 (illegibile) si stabiliscono a Praga i Crociferi della Croce Rossa ai quali nel XIII secolo si aggregano quelli dal Cuore Rosso (Ciriaci) nonché i Crociferi della Stella Rossa, unico ordine maschile (promosso e riconosciuto da Papa Gregorio) di origine boema sull'evoluzione della congregazione laica ospedaliera fondata nel 1233 da Sant'Agnese. L'ordine conobbe sotto il regno di Venceslao I straordinario sviluppo radicando rapidamente in prossimità delle chiese più importanti, prodigandosi oltre che nelle amministrazioni spirituali, nella fondazione e gestione di ospedali. La massima fioritura è ascrivibile al regno di Carlo IV quando l'ordine gestiva, in Boemia e in Ungheria una sessantina di istituzioni fra ospedali, conventi e chiese.

La comparsa di altre istituzioni monastiche nelle città è conseguente alla mutata situazione economico-sociale e matura da tutt'altra visione rispetto agli ordini crociferi combattenti. I crescenti conflitti sociali urbani creano le condizioni ideali agli ordini mendicanti, rispondenti appieno al momento per la solida organizzazione, la modestia delle esigenze economiche e il contenuto intrinseco alla loro missione. Per primi, nel 1226, giunsero nel paese i Domenicani, probabilmente introdotti dai fratelli slesi, Beato Ceslav e San Giacinto, per iniziativa di Premysl I. Il primo convento sorse a Praga e altri, poco dopo, nelle grandi città boeme e morave. Le fabbriche più antiche fecero parte della provincia ceco-polacca, nata nel 1228 dalla quale, verso gli anni 1298−1301 quella boema si rese indipendente. Con i Domenicani arrivarono in Boemia i Minoriti. Un primo convento di religiose fu fondato a Praga, da Sant'Agnese, nel 1231 e nelle vicinanze si stabilirono in seguito i monaci dello stesso ordine. Il primo monastero di Minoriti nacque dunque a Praga, nei pressi della chiesa di San Giacomo, circa nel 1232 cui seguirono quelli di altre città boeme e morave. Anche questi, inizialmente, furono ascritti alla provincia ceco-polacca fino al 1517, quando fu creata l'autonomia boema. Ancora nel XIII secolo si aggregarono nuovi ordini mendicanti quali gli eremiti Agostiniani e a partire dal successivo, anche i Carmelitani calzati, i Serviti, i Paolini e altri ordini canonici come i Cartusiani, i Celestini, gli Agostiniani. Nel periodo preussita, operavano in Boemia molti ordini di religiose. Oltre alle già citate Benedettine, le Premonstratensi, le Cistercensi, le Giovannite, le Clariste, le Domenicane e le Maddalene. Le Sorveglianti del Santo Sepolcro, ordine di origine boema, fu istituita all'inizio del XIII secolo da Vratislava, vedova di Kojat, un patrizio boemo, con sede, fino al XVI secolo, a Světec. Si diffuse in seguito in altri paesi europei (Germania, Spagna, Olanda, Francia) ove i conventi sono tuttora esistenti.

Il prosperare del conventi medievali sub `un brusco arresto con le guerre ussite nelle quali, l'intento di riformare e purificare moralmente il cristianesimo si trasformò spesso in attacco indiscriminato contro gli ordini religiosi e i loro beni. Quasi 170 monasteri furono espugnati dagli ussiti e i loro averi, tranne poche eccezioni, confiscati. Molti non furono mai più ristrutturati e la maggior parte ridusse drasticamente la propria attività. Nuova fioritura si ebbe sotto il regno di Giorgio da Podebrady soprattutto per merito di un ramo austero di Minoriti osservanti. L'insegnamento riformatore Francescano fu introdotto in Boemia dal predicatore Giovanni Capistrano. Conventi francescani si diffusero in Boemia e Moravia a partire dal XV se-

colo attingendo il loro sviluppo massimo nel XVII. Dal 1467 si organizzarono nella provincia ceco-morava di San Venceslao. Sul finire del XV secolo .e soprattutto nel successivo operarono nel paese anche i Paolini e, fra gli ordini femminili, le Terziane di San Francesco di Assisi.

La riforma protestante portò grande scompiglio in seno alle istituzioni religiose e la parte cattolica, in minoranza, si trovò a lottare per la propria stessa sopravvivenza. La situazione mutò radicalmente con l'esito della guerra dei trent'anni durante i quali gli ordini religiosi, in ottemperanza alle volontà asburgiche, ebbero modo di elaborare la loro missione di ricattolicizzazione. Con la controriforma cattolica sancita al Concilio di Trento (1545—1553), approdano nel paese una moltitudine di nuovi ordini religiosi: Caetani, Barnabiti, Piaristi, Carmelitani e naturalmente, bastioni della controriforma, i Gesuiti cui si affiancarono, a partire dal 1600, i Cappuccini.

Le prime fabbriche gesuite si attivano dalla seconda metà del XVI secolo, la maggior parte adibite a collegi e seminari. Fra tutti, spicca il collegio Klementinum, a Praga. I Gesuiti in Boemia dettero inizio a un'intensa attività di proselitismo e indottrinamento sia a livello teologico che didattico, guadagnandosi, per la loro intrapendenza e il rigore del loro operato il rispetto tanto da parte cattolica che da quella evangelica. Inizialmente dipendenti dalla provincia austriaca (fondata nel 1551 da San Pietro Kanis) furono autonomi a partire dal 1623. L'ordine dei Piaristi operò in Boemia nel nuovo spirito conciliare già dal 1631 occupandosi di attività scientifiche, di catechizzazione e istruzione scolastica a tutti i livelli. Dopo quelle italiane, le istituzioni piaristiche in Boemia sono le più antiche conosciute. Incorporate nella provincia tedesca costituitasi nel 1634 (comprendeva altres` Polonia, Ungheria e Austria) si resero autonome in Boemia nel 1751.

Le attività monastiche ricrebbero quindi con straordinario vigore poco dopo il 1620 per volontà degli Asburgo e della nobiltà cattolica regnante. Vecchi conventi vennero ristrutturati e rinconsacrati da Gesuiti e Piaristi mentre nuove fabbriche e congregazioni sorgevano numerose in tutto il paese. Nel XVII secolo fanno il loro ingresso, Fratelli della Misericordia, Agostiniani e Carmelitani scalzi, Benedettini Spagnoli e nel XVIII, Elisabettine, Celestine e Vergini inglesi.

Grande attenzione merita in questi secoli l'attività artistica tramandandoci quel barocco architettonico, scultoreo e pittorico che ancor oggi ammiriamo. Cure particolari furono dedicate alle biblioteche le quali, nei grandi conventi di origine medievali sopravvissuti al periodo ussita, custodivano un'immensa quantità di valori preziosi, già appartenuti alle diverse collezioni conventuali: codici riccamente miniati, incunaboli, opere scientifiche etc. Per la ricchezza degli arredi e l'inestimabile patrimonio bibliografico basti citare la biblioteca conventuale di Strahov.

Lo scioglimento dell'ordine Gesuita nel 1773 e le riforme Giuseppine posero fine all'attività di gran parte di ordini e congregazioni che non si dedicassero a mansioni pastorali umanitarie o didattiche. Colpiti furono soprattutto gli ordini contemplativi. Scamparono invece i Fratelli della Misericordia, i Crociferi della Stella Rossa, i Piaristi

e pochi altri. Con i beni religiosi nuovamente a disposizione fu istituito un fondo speciale da destinarsi a nuove attività di pastorizzazione. Gli ordini sopravvissuti nei paesi della dominazione asburgica subirono la riforma del 1849. Gli ordini e le congregazioni operanti nel settore pastorale e didattico ebbero quindi modo di sviluppare al massimo le loro attività. Con la metà del XIX secolo crebbe l'influenza dei Padri Redentoristi: eccellenti predicatori nelle missioni popolari, contribuirono non poco alla moderna pastorizzazione nelle terre ceche. A fianco a loro agirono con successo altre congregazioni fra cui i Padri Scolari, i Petrini e i Salvatoriani.

Importanza fondamentale rivestono fra XIX e XX secolo gli ordini monastici femminili la cui missione primaria fu un continuo e sacrificante impegno nel campo caritativo. Le accolite prestavano servizi in ospedali, ospizi, orfanotrofi, istituti per menomati fisici e mentali e in altri istituti di bisognosi. Svolgevano paralelmente un ruolo importante anche nel campo delle attività didattiche gestendo numerose istituzioni scolastiche femminili. Delle congregazioni di provenienza straniera ricordiamo le Vincenzine, le Bartolomee, le Suore Scolastiche di Notre Dame, le Suore Scolastiche di III grado di San Francesco, le Figlie di San Salvatore, le Figlie dell' Amore Divino, le Suore misericordiose di Santa Maria di Gerusalemme e quelle di Santa Croce. Si affiancarono poi congregazioni di origine locale, come le Suore misericordiose di III grado di San Francesco di Opava, le Suore grigie di III grado di San Francesco di Praga, le Suore del S. Sacramento di České Budějovice, le Suore misericordiose di III grado di San Francesco sotto gli auspici della Santa Famiglia di Brno, la confraternità boema delle Suore Domenicane e Premonstratensi, le Consolatrici, le Suore di San Cirillo e Metodeo, l'Apostolato dell'ordine Francescano secolare etc. Fra le congregazioni maschili del XX secolo: gli Oblati di Santa Maria, gli Eucaristiani, i Salesiani, i Calasantini, i Consolatori, i Verbiti etc.

A seguito delle drastiche limitazioni imposte alle attività religiose in Cecoslovacchia dopo l'anno 1948, negli anni 50 furono intentati numerosi processi contro rappresentanti di ordini. Già in precedenza molti conventi mas-chili erano stati evacuati e poco dopo anche quelli femminili. Diverse migliaia di religiosi furono concentrati in dieci conventi prescelti a Bohosudov, Želiv, Králíky e Broumov e molti fra loro, processati, accusati di attività illegali, finirono imprigionati o nei campi di lavoro.

Attualmente la maggior parte degli ordini, congregazioni, comunità e istituzioni operanti prima degli anni 50, è impegnata nel rinnovamento della propria vita monastica, in recupero delle proprie attività compatibilmente alle possibilità della nuova realtà sociale del Paese.

Translation Irene Zanusso

LES ORDRES ET CONGRÉGATIONS RELIGIEUX DANS LES PAYS DE LA COURONNE DE BOHÊME

Les origines des ordres religieux sur le territoire des pays de la couronne de Bohême sont étroitement liés au raffermissement de l'Etat de Bohême médiéval, dans le dernier tiers du Xe siècle. Il fut accompagné de la diffusion de la foi chrétienne dans la société jusque là très païenne du pays des Přemyslides. Parallèlement presque à l'évêché de Prague fut fondé, en 973, près l'église St-Georges au Château de Prague, la plus ancienne institution monastique — le monastère des sœurs bénédictines, qui marqua le début de l'introduction de l'idéal occidental du style de vie monastique sur le territoire de la Bohême. Dès ses origines mêmes, elle se fit remarquer comme une institution d'importance extraordinaire. La tâche la plus importante de ces premières communautés monastiques, qui jusqu'à la moitié du XIIe siècle pratiquement ne furent que celles des bénédictins, fut la diffusion de la foi chrétienne. Depuis les années 40 du XIIe siècle, d'autres congrégations commencent à se fixer en Bohême et fondent leurs couvents: les chanoines prémontrés et les frères cisterciens et, encore dans le courant de la seconde moitié de ce siècle, aussi des ordres nouveaux de chevalerie et de la Ste-Croix.

Comme pionniers du christianisme occidental sont considérés surtout les moines bénédictins. Le plus ancien couvent de bénédictins est celui à Břevnov, fondé en 993 par le prince Boleslas II et St. Adalbert, deuxième évêque pragois. Celui-ci est aussi le plus ancien monastère masculin dans les pays de la couronne de Bohême. Dans le courant des XIe et XIIe siècles, d'autres couvents de bénédictins furent fondés, tels p.e. à Ostrov, Sázava, Rajhrad, Klášterní Hradisko près d'Olomouc, Třebíč, Opatovice etc. Une place particulière revenait au monastère à Sázava, fondé en 1032, avec toute probabilité par St. Procope, descendant d'une maison princière. Le monastère de Sázava fut dans le XIe siècle un centre important de la vie littéraire et culturelle, ainsi que de la liturgie slavonne; il observait les anciennes traditions des saints Cyrille et Méthode et rapprochait le monde spirituel tchèque et des régions orientales (empire kievien) et des nouveaux courants du rite latin.

Les ordres nouveaux qui s'installent en Bohême à l'époque apportent des idées aussi nouvelles venues à maturité au sein de l'église romaine et son programme d'émancipation, formulé au grand concile oecuménique du Latran réuni en 1139. Ce programme trouva bientôt l'écho chez les dignitaires de l'Eglise nationale, notamment chez l'évêque d'Olomouc, Jindřich Zdík. En voulant fonder en Bohême un ordre nouveau, il fit venir, en 1143, des chanoines de Steinfeld (Rhénanie). Ceux-ci fondèrent, à Strahov, un premier couvent des Prémontrés, qui devait devenir un centre important du mouvement réformiste de l'époque. Peu après fut fondé, par l'évêque pragois Daniel, un autre couvent des Prémontrés à Želiv et d'autres s'ensuivirent encore à Klášterní Hradisko près d'Olomouc, à Milevsko, à Louka près de Znojmo et à Teplá, ainsi que ceux aussi de la branche féminine. L'ordre de Citeaux, très en faveur chez les descendants des grandes familles de noblesse, lui-aussi, fondait ses monastères en Bohême à la même époque.

C'était une habitude que les fondateurs dotaient les nouveaux couvents de grande propriété foncière (villages, cours etc.) avec des serfs asservis et dons en argent encore. Les congrégations enrichissaient ensuite leur propriété par des activités économiques déployées sur une large escale et par la colonisation, ce qui fit croître ces grands domaines prospères des divers ordres et congrégations religieux. Vers la fin du XIIe siècle déjà, ceux-ci appartenaient aux plus grands propriétaires fonciers dans le pays.

Les plus anciens couvents des bénédictins, Prémontrés et de l'ordre de Citeaux marquèrent d'importance la physionomie du pays, et cela non seulement à la suite de leur activité économique qui transforma le paysage. Car chaque couvent se composait d'un ensemble d'édifices à destination diverse, placés utilement et avec maîtrise dans le paysage, complétant son relief. Du XIe au XIVe siècles, les couvents appartenaient aux plus importants édifices et l'art du bâtiment fut, à cette époque-là, partie intégrante de la création artistique dans le pays. Les premières entreprises de bâtiment furent liées étroitement à l'essor des styles romane et gothique. Comme le confirment les recherches les plus récentes, jusqu'à la moitié du XIIe siècle probablement, les premières demeures des frères religieux étaient en bois. Car l'attention principale était vouée à la construction des églises du couvent, avec celles-ci culmine l'art du bâtiment de l'époque. C'est seulement

à partir de la seconde moitié du XIIe siècle qu'aussi les édifices des couvents sont construits en pierre. A Strahov, dès la fondation du monastère des Prémontrés, a été lancée la construction de tout le complexe d'édifices, que l'on croit terminée dans les années 70 du siècle mentionné. Tandis que la basilique à trois nefs, avec une nef transversale menant à l'Est, avec trois absides de la même profondeur et la façade aux deux tours à l'Occident, commencée en même temps, fut consacrée en 1182 (pour la 2e fois). Aux plus importantes constructions de l'architecture monumentale dans les pays de la couronne de Bohême de l'époque appartenaient les couvents cisterciens. Citons pour exemple parmi ces constructions remontant à la seconde moitié du XIIe siècle et qui se sont conservées jusqu'à nos jours le noyau le plus ancien de l'église du couvent à Plasy, ensuite celles de Velehrad, à Osek, Nepomuk — marquées déjà par des éléments gothiques. Ces éléments caractérisent également l'église à Tišnov, dont le portail occidental avec un tympan figuratif, avec des sculptures d'apôtres et lions et de riches ornements végétaux, est une œuvre artistique extraordinaire s'engrenant dans le cadre de l'art centreuropéen de l'époque. Vers la fin du XIIIe et au début du XIVe siècles, les cisterciens enrichirent l'architecture tchèque de bâtiment aussi précieux du point de vue artistique — mentionnons les couvents de Sedlec, Vyšší Brod etc., sans omettre la superbe église du couvent des moniales cisterciennes à Staré Brno, datant de la fin de la première moitié du XIVe siècle. Notre héritage culturel national est riche en bâtiments importants de ce genre, qui sont de vrais joyaux.

Au XIIIᵉ siècle, on est témoin du plus grand essor d'institutions religieuses dans l'époque féodale. Ce qui est typique pour cette période c'est l'établissement des communautés monastiques dans les villes. Jusqu'à 1300, 180 couvents furent fondés en Bohême et Moravie, dont plus de 70% dans le courant du XIIIᵉ siècle, et la plupart d'entre eux dans les villes et agglomérations médiévales. On enregistre au XIIIᵉ siècle un essor de congrégations nouvelles, plus jeunes. Par rapport à la situation précédente, on note une baisse du nombre de couvents des bénédictins et des Prémontrés, tandis que depuis la seconde moitié du XIIᵉ siècle s'y établissent, en se renforçant, les ordres de chevalerie. Ce phénomène est lié aux croisades organisées par l'Eglise pour la délivrance de la Terre sainte (XIᵉ — XIIIᵉ siècles), auxquelles participèrent aussi les chevaliers de la Bohême et de la Moravie. Parallèlement commencent à se fixer dans nos pays les ordres des chevaliers de la Croix. L'ordre qui s'y enracina très fort fut celui des Hospitaliers de Saint-Jean-de-Jérusalem, favori du roi Vladislas II. A l'instigation des conseillers du roi, au début de la seconde moitié du XIIᵉ siècle, un premier couvent de cet ordre fut fondé près de l'ancien pont Judith à Prague. Les quelques édifices de cet ordre ayant appartenu au grand prieuré de Bohême, qui subsistèrent jusqu'au XXᵉ siècle, ne sont que des restes d'un grand nombre de commendes, couvents et sièges ecclésiastiques de l'ancien grand prieuré de l'ordre des Hospitaliers de Saint-Jean-de-Jérusalem, construits pour la plupart avant 1420. La surface de leurs territoriaux, sujette aux changements à travers les temps, devint stable en principe déjà dans le courant des XIIIᵉ et XIVᵉ siècles. Outre la Bohême et la Moravie, le duché de Cieszyn et la Silésie, le grand prieuré de Bohême englobait aussi l'Autriche, la Styrie, la Carinthie, la Carniole et le Tyrol.

L'ordre des chevaliers teutoniques, fondé en 1198 comme ordre équestre chargé notamment de la défense et de la diffusion de la foi chrétienne, vint à Prague dans les premières années du XIIIᵉ siècle déjà; il est appuyé par le roi et d'importantes familles de noblesse. Dans l'ancien bailliage tchèque, comprenant la Bohême, la Moravie et la Silésie, il eut, avant 1420, une grande quantité de commendes, hospices et paroisses. Ceux-ci disparurent durant les guerres des hussites. Depuis le XVIIᵉ siècle, l'ordre se fixe notamment sur les territoires de la Moravie et de la Silésie. Après la liquidation de ses sièges en Allemagne, en 181?, il réussit à maintenir ses positions surtout dans les pays de la dynastie de Habsbourg. Et là aussi, après 1840, il connut plusieurs réformes. Ce fut la ville de Bruntál qui devint le siège principal du Grand Maître. Outre les chevaliers teutoniques et les Hospitaliers de St-Jean-de-Jérusalem, dès 1230 s'établissent dans les pays tchèques les templiers et en Moravie (autour de la moitié du XIIIᵉ siècle) les Spiritains (Congrégation du St-Esprit); ils déploient leurs activités jusqu'au XVIᵉ siècle.

Depuis la fin du XIIᵉ siècle commencent à fonctionner dans les pays tchèques aussi les chevaliers de la Croix (croisiers). Avant 1188 se fixèrent à Prague déjà les chevaliers à la croix rouge, au XIIIᵉ ceux au cœur rouge (Cyriacis), ainsi qu'un ordre masculin tchèque — les croisiers à étoile rouge, qui dérivent leur origine d'une confrérie des hospitaliers laïques, fondée en 1233 par Sainte Agnès de la famille royale des Přemyslides et que le pape Grégoire IX érigea en ordre en 1237. La congrégation des chevaliers de la Croix à l'étoile rouge connut un essor particulier déjà sous le règne de Venceslas Iᵉʳ (1205—1253), où elle commença à s'établir dans les villes, près des églises importantes, se chargeant de la vie spirituelle et notamment de la construction et de l'administration des hospices et hôpitaux. La congrégation connut le plus grand essor sous Charles IV, roi de Bohême, quand elle administrait une soixantaine d'hôpitaux, maisons et églises paroissiales dans les pays de la couronne de Bohême et en Hongrie.

L'établissement d'autres congrégations religieuses dans des villes tchèques qui advint plus tard procède dans des conditions sociales et économiques nouvelles et sur la base de nouveaux principes, qui ne sont plus ceux de l'époque des chevaliers des croisades. Il y a la nécessité de parer aux contradictions sociales croissantes à l'intérieur des agglomérations municipales peuplées. Ceci donne lieu à l'apparition des ordres mendiants, dont l'organisation parfaite, l'absence presque d'exigences économiques et l'œuvre de mission correspondent absolument à l'atmosphère de l'époque. Les premiers à arriver dans les pays de la couronne de Bohême furent, en 1226, les dominicains. Ce fut probablement à l'initiative de Přemysl Iᵉʳ, que le bienheureux Česlav et St. Hyacinthe implantèrent l'ordre dans nos pays, en faisant venir les frères de la Silésie. Ils fondèrent leur premier couvent à Prague, d'autres s'ensuivirent dans des villes plus grandes en Bohême et en Moravie. Les plus an-

ciennes maisons faisaient partie de la province tchéco-polonaise commune (fondée en 1228), dont ils se séparèrent dans les années 1298—1301, en fondant une province tchèque indépendante. Parallèlement presque aux dominicains arrivent en Bohême aussi les Frères mineurs. Ce fut Ste. Agnès des Přemyslides qui fonda en 1231 à Prague un premier couvent pour la branche féminine de cet ordre. Plus tard s'y établit aussi l'ordre masculin des Frères mineurs. En 1232 environ, est construit à Prague le couvent des Frères mineurs avec l'église St-Jacques, suivi de toute une série de monastères dans d'autres villes tchèques et moraves. Les couvents dans les pays de la couronne de Bohême appartenaient à l'ancienne province tchéco-polonaise, et cela jusqu'à 1517, quand la province tchèque se sépara. Les rangs des ordres mendiants s'élargirent encore au XIIIᵉ siècle des augustins ermites, et au XIVᵉ siècle encore des carmes, servites et paulinistes. A leurs côtés existèrent d'autres congrégations et ordres religieux encore, tels les chartreux, célestins et les chanoines augustins. Dans la période pré-hussite, aussi les ordres féminins furent nombreux dans les pays de la couronne de Bohême. Outre celui des bénédictines (le plus ancien), ce furent les ordres féminins les Prémontrées, cisterciennes, sœurs de St-Jean-de-Jérusalem, clarisses, dominicaines, magdaléniennes et chanoinesses du Saint-Sépulcre — ordre d'origine tchèque fondé au début du XIIIᵉ siècle par Vratislava, veuve de Kojata, grand seigneur tchèque. Leur couvent à Světec existait jusqu'au XVIᵉ siècle. Plus tard, l'ordre établit ses couvents dans d'autres pays européens aussi (Allemagne, Espagne, Pays-Bas, France), où ils existent de nos jours encore. L'essor des couvents médiévaux fut interrompu par des guerres des hussites, dont le mouvement primitivement en faveur de la réforme et de la pureté morale de la vie ecclésiastique se transforma en une guerre déchaînée contre les ordres religieux et surtout contre les grandes richesses de certains monastères. Environ 170 couvents furent conquis par les hussites et leur patrimoine — sauf quelques exceptions — confisqué. Nombreux des couvents ne furent jamais plus reconstruits et plusieurs d'entre eux ne faisaient que subsister à peine durant l'époque postérieure au mouvement des hussites. La vie religieuse put être reprise seulement sous le règne de Jiří de Poděbrady, le mérite en est principalement aux Frères mineurs de la stricte observance, dont la branche réformée fut introduite en Bohême par le prédicateur Jean de Capistran. A partir du XV⁶ siècle, les couvents franciscains s'accroissent en Bohême et Moravie et ils connurent un grand essor surtout au XVII⁶ siècle. Depuis 1467, ils sont organisés dans le cadre de la province tchéco-morave de St-Venceslas. Depuis la fin du XV⁶ et surtout au XVI⁶ siècle, ce sont les paulinistes et, des congrégations féminines, les franciscaines du Tiers ordre de St-François d'Assise qui opèrent dans les pays tchèques.

Ce renouveau des institutions religieuses est encore interrompu par la réforme protestante. L'Eglise catholique, minoritaire, doit lutter péniblement pour son existence. Les résultats de la guerre de Trente Ans marquèrent un tournant dans ce processus. Déjà dans le courant de cette guerre, les ordres religieux avaient relancé leur activité, en mettant l'accent particulier sur le raffermissement de la foi catholique et aussi du pouvoir de la dynastie de Habsbourg. De nouveaux ordres des clercs religieux appuyèrent fort les tendances recatholicisantes, de même que la réforme catholique, dont l'Eglise élabora les principales maximes au concile de Trente (1545—1563). Ce furent les théatins et les barnabites, ainsi que les jésuites, plus zélés, et les piaristes et, depuis 1600, aussi les capucins mendiants qui agirent dans les pays tchèques dans ce sens. Ces congrégations s'inscrivirent de manière indélébile dans l'histoire de la contre-réforme.

La Compagnie de Jésus fonda ses premières maisons dans les pays tchèques dès le début de la seconde moitié du XVI⁶ siècle, la plupart en servirent comme collèges et séminaires, dont le plus important fut celui de Clementinum à Prague. Dès leur arrivée en Bohême, les prédicateurs jésuites déployèrent une grande activité de propagande et d'éducation. Avec leur esprit d'iniave actif et militant ils s'attirèrent vite le respect, et dans le camp catholique et dans celui de l'Eglise évangélique. Les maisons des jésuites appartenaient à la province autrichienne, fondée en 1511 par St-Pierre Canisius; en 1623, la province tchèque s'en sépara. Les piaristes, plus conciliants, opérant dans les pays tchèques depuis 1631, se vouaient, outre leur activité scientifique fructueuse, à l'éducation de la jeunesse et enseignaient aux écoles de tous degrés. Les maisons piaristes dans les pays tchèques étaient les plus anciennes (précédées uniquement par les maisons italiennes) — elles appartenaient à la province allemande fondée en 1634 et comprenant aussi la Pologne, la Hongrie et l'Autriche. Une province tchèque indépendante naquit seulement en 1751.

Les institutions religieuses dans les pays tchèques connurent leur deuxième plus grand essor après 1620, à la suite et comme conséquence de l'appui qu'elles donnèrent aux souverains de la maison de Habsbourg et à la noblesse catholique locale. Aux côtés des anciens couvents reconstruits, une série de nouveaux couvents et maisons des jésuites et piaristes et d'autres congrégations et ordres masculins nouveaux furent bâtis: au XVIIᵉ siècle, ce furent p.e. les frères de la charité, les augustins déchaux, les carmes déchaux et les franciscains d'Irlande; dès le XVIIIᵉ, c'est l'ordre mendiant de la Trinité (trinitaires) et la congrégation des moines de St. Barthélemy, celle des Oratoires de St. Philippe Néri et de la congrégation tchèque „fratrum eremitarum divi Ivani"; des congrégations féminines il y a, à partir du XVIIᵉ siècle, les Ursulines et les carmélites déchaussées, et à partir du XVIIIᵉ siècle les moniales du Tiers ordre Ste-Elisabeth, les célestines et les Vierges anglaises.

Durant les XVIIᵉ et XVIIIᵉ siècles nous sommes témoins d'un grand essor de l'architecture et de l'art figuratif. Nous avons hérité de cette époque-là d'importantes œuvres baroques — architectoniques, sculptures et peintures, liées à l'activité des ordres religieux rénovés et nouveaux. Dans les couvents nouvellement construits sont systématiquement installées les bibliothèques (tradition remontant au moyen âge déjà), recueillant une grande quantité de volumes précieux de genres différents, y compris les manuscrits et incunables, dont certains avaient appartenu dans l'époque préhussite déjà aux vrais trésors des collections conventuelles. La bibliothèque du monastère de Strahov appartient aux plus belles et aux plus grandes.

La liquidation de la Compagnie de Jésus, en 1773, et la réforme de la vie religieuse dans les années 80 du XVIIIᵉ siècle, sous l'empereur Joseph II, eut pour conséquence aussi l'interruption de l'activité de la plupart des ordres et congrégations, parmi ceux qui ne se vouaient pas à une activité pastorale, charitable ou d'éducation. Les ordres contemplatifs furent donc frappés, tandis que p.e. les frères de la charité, les croisiers à l'étoile rouge, les piaristes et certains autres purent persister. La propriété confisquée des couvents liquidés donna lieu à la mise sur pied d'un „fonds religieux", utilisé à l'intention des œuvres pies. La réforme des ordres et congrégations religieux continuait dans les pays de la maison de Habsbourg jusqu'à 1849. Durant cette période déployèrent leur activité notamment certains ordres et congrégations plus anciens, orientés vers la prédication pastorale, l'enseignement et l'œuvre sociale. Au début de la seconde moitié du XIXᵉ siècle s'accroît l'influence des rédemptoristes, prédicateurs et missionnaires, qui contribuèrent d'importance dans les pays tchèques à l'instruction pastorale moderne. A leurs côtés sont fructueusement actifs aussi p.e. les scolopes et les salvatoriens (Société du Divin Sauveur).

Une importance particulière acquièrent, dans le courant du XIXᵉ et au début du XXᵉ siècle, les congrégations féminines nouvellement fondées, chargées notamment d'œuvres charitables et sociales. Les filles de la charité de St-Vincent de Paul, les sœurs de St-Charles Borromée, les sœurs éducatrices de la congrégation de Notre-Dame et celles du Tiers Ordre de St-François, les filles du Divin Sauveur, les filles de l'amour du Christ, les sœurs de la charité de la sainte Vierge de Jérusalem et les sœurs de la miséricorde de la Sainte-Croix (congrégations d'origine étrangère), ainsi que les moniales des congrégations tchèques nouvellement fondées, telles p.e. les sœurs de la charité du Tiers ordre de St-François à Opava, les sœurs grises du Tiers ordre de St-François à Prague, les adoratrices du Saint-Sacrement à České Budějovice, les sœurs de la charité du Tiers ordre de St-François servantes de la Ste-Famille à Brno, la congrégation tchèque des moniales dominicaines, la congrégation des sœurs prémontrées, les consolatrices, les sœurs des saints Cyrille et Méthode, l'apostolat de l'ordre séculier des franciscains etc., travaillaient dans des hôpitaux, sanatoriums, orphelinats, hospices de vieillards, foyers pour handicapés physiques et mentaux et dans d'autres institutions sociales, et se vouaient aussi à l'éducation de la jeunesse et à l'enseignement, notamment des jeunes filles, dans des écoles de types divers. Au XXe siècle élargirent leur activité certaines nouvelles congrégations masculines, comme p.e. celles des oblats de Marie-Immaculée, des frères de l'Eucharistie, des salésiens, frères de St-Joseph de Calasanz, des consolateurs, frères de la Société du Verbe divin etc.

La suppression de la vie ecclésiastique en Tchécoslovaquie, qui commença après 1948, aboutit en 1950 à un procès contre les représentants des ordres religieux. Ce procès fut précédé par l'occupation des couvents masculins, et plus tard aussi des couvents féminins. Des milliers de religieux et religieuses furent internés dans des couvents choisis (à Bohosudov, Želiv, Králíky, Broumov etc.), nombreux en furent traduits en justice inculpés de haute trahison et condamnés ensuite souvent aux travaux forcés.

A l'heure actuelle, la plupart des ordres, congrégations, sociétés et institutions religieuses, ayant opéré jusqu'aux débuts des années 50 de notre siècle, reprennent leur vie ecclésiastique, ainsi que — selon les possibilités qu'offrent nos temps — leurs activités utiles de jadis.

Translation Libuše Jelínková

171

INHALT

Luděk Jirásko
Geistliche Orden und Kongregationen in den böhmischen Kronländern
Übersetzung Maria Anna Kotrbová
Illustrationen von Petr Chotěbor
Photographien von Jiří Kopřiva
Herausgegeben von Prämonstratenser Kloster
Strahov im Fénix Verlag, Prag 1991
Druck: Grafia, Zlín
ISBN 80-85245-11-6